笑洒热血迎黎明

林维雁烈士传

林维凤 ◎ 编

暨南大学出版社
JINAN UNIVERSITY PRESS
中国·广州

图书在版编目（CIP）数据

笑洒热血迎黎明：林维雁烈士传/林维凤编．—广州：暨南大学出版社，2015.4

ISBN 978－7－5668－1371－8

Ⅰ.①笑…　Ⅱ.①林…　Ⅲ.①林维雁（1924—1949）—传记
Ⅳ.①K827＝6

中国版本图书馆 CIP 数据核字（2015）第 048557 号

出版发行：暨南大学出版社

地　址：中国广州暨南大学
电　话：总编室（8620）85221601
营销部（8620）85225284　85228291　85228292（邮购）
传　真：（8620）85221583（办公室）　85223774（营销部）
邮　编：510630
网　址：http：//www.jnupress.com　http：//press.jnu.edu.cn

排　版：广州市天河星辰文化发展部照排中心
印　刷：佛山市浩文彩色印刷有限公司

开　本：890mm×1240mm　1/32
印　张：3.125
字　数：61 千
版　次：2015 年 4 月第 1 版
印　次：2015 年 4 月第 1 次

定　价：20.00 元

目录

缘　起

坐落在浙江杭州西子湖畔的浙江革命烈士纪念馆和位于浙江省衢州市的衢州革命烈士陵园，都记录了衢州市六烈士的事迹。六烈士中的林维雁，因为是女性而格外引人关注。人们称她为“衢江女侠”，把她与“鉴湖女侠”秋瑾相媲美。她们都是为中国革命献出生命的巾帼英雄，代表着不同的时代。秋瑾是在中国被帝国主义用鸦片、洋炮和军舰打开国门，中华民族遭受屈辱和苦难的漫漫黑夜里，为拯救祖国而奋起抗争的革命先行者。她英勇就义时，从心底呐喊着“秋风秋雨愁煞人”的名句，借此告诉人们，革命是艰苦而悲壮的，需要有志者前仆后继。而林维雁烈士在中国革命进行到最后的激烈决战时刻，在革命即将胜利的前夕，为唤醒人们迎接新中国的意识，积极参加波澜壮阔的学生运动，揭穿

反动派的阴谋和本质，并从内心深处发出“梦游新中国”、“建设一个崭新的中国”的呼喊，却在黎明前壮烈牺牲了。她们都是时代的女英雄，值得人们去怀念和学习。

而今，经过几十年的发展，中国的面貌已发生翻天覆地的变化，进入21世纪以来，中国的经济建设更是取得了辉煌的成就，中华民族逐步实现着伟大复兴。中国共产党正领导全国人民奋发图强地建设具有中国特色的社会主义国家。一个比66年前更鼓舞人心、更绚丽多彩的“中国梦”正在逐步实现，在新的征途上需要一代又一代有志青年继续奋斗。在这样的背景下出版一本纪念革命烈士的传记，将“中国梦”和革命精神传承下去，是一项有意义的工作。希望此传记的出版，能够发挥一点启示作用，以激励新时代的青年努力完成历史赋予他们的使命，为祖国创造一个更加辉煌的明天，去建设一个美丽的、和谐的、具有中国特色的社会主义国家。

一　女孩的命运，家族的创伤

林维雁烈士，1924 年出生于上海。父亲林科棠当时正在上海做小学老师。林维雁出生的时候正是大雁南飞、菊花盛开的季节，父亲以大雁和菊花为象征，寄托对第二个女儿的希望，给她取名为维雁，字守菊，愿她有高远的志向和非功利的精神境界。数月后，母亲方海莲带她返回老家——浙江衢县樟潭镇。祖父林登洲见到孙女却叹息：“又是一个女妮，没有出息。”母亲为了替林家传宗接代，盼望早日再怀孕，不得不按照林登洲的要求，将维雁送到苏家村奶母家喂养。奶母是农户人家，吃住条件都很差，以致维雁在孩提时期营养不良，长得又矮又瘦又黑。在她的记忆里，只记得整日在黄土岗上爬，在烂泥田里跑，或是由奶兄背着，从这个山坡走到那个山坡，皮肤被烈日晒得黑黝黝的，吃的只是苞米糊、辣酱和咸菜。因为父母都在外地，祖父又盘算如何将她送给殷实人家做童养媳，致使这个女孩几乎被家庭遗忘了，一直到了该上学的年龄才被父亲抱回家。维雁在孩提时代为什么会有这样一段生活呢？其原因不得不从林氏家族史说起。

林氏家族原籍福建樟平。先祖单身一人，在康熙年间挑着一担黄烟叶，翻过仙霞岭的层层山峦，越过乌溪江的密密森林，在江山港、乌溪江与常山港的汇合处一个并不繁荣但水路交通便利、仅有十几户人家的小渔村定居下来，娶妻生子。此后又往返闽浙，依靠制作、贩卖黄烟丝积累资本，后来又秉承福建人勇于开拓的精神，抓住机遇，做起木业经营生意，顺利取得从仙霞岭到乌溪江整片原始森林的开采权和经营权，其所经营的原始森林广阔到三天也走不到尽头，排在江中的木排筏直至对岸。林家五代四房“乾、坤、礼、乐”的子孙们，历经康熙、雍正、乾隆、嘉庆、道光两百多年，开设四爿大木行，生意十分兴隆，把大量木材源源不断地经由水路送到杭州湾及江南一带，其营业额及利润为衢州府之首。一个十几户人家的小渔村从此成为商贾云集、筏来舟往的著名木材集散地和闹市，被称为林家码头，后正式建制，被命名为樟潭镇下埠。然而，正当家族子孙陶醉在富裕生活中时，他们想不到清政府已腐败无能，西方列强已用鸦片、洋炮和军舰打开国门，外患内乱接踵而来。随着鸦片战争失败，太平天国运动席卷半个中国，后来又是八国联军侵华，清廷赔了巨款，被迫签订了许多不平等条约。据衢州史籍记载，从清咸丰八年（1858）起，清廷与太平军争夺衢州一带达六年之久，水陆皆为战场，樟潭镇成为战争的中心。林家四房子孙六十多人逃难七年，最后，大约在 1865 年，礼房六代孙林登洲（二十岁）及其父母和姐姐四人回到樟潭镇下埠，其余三房子孙五十多人均不知下落。四爿大木行被洗劫一空，几座住宅大院只余空架子：礼房住宅之前厅高悬着的一块乾隆御笔匾，后厅之厨房中还有搬不动的一个大石盆和一个大石磨。林登洲这个从小接受儒学文化、一心想科举入仕的年轻人，只能通过做小工、种点菜、半饱半饥打光棍生存下来。清同治年间，社会逐渐安定下来，王姓徽帮资本进入樟潭木业，使木业再次繁荣。林登洲在四十岁时，有幸得到一个木材测量的固定职业，从而有经济能力娶妻，并生下二子一女。长子林科汇务农。次子林科棠从衢郡中学堂毕业后，先在樟潭镇后在衢县任小学教师六年，后到上海闸北小学任小学教员。不久又被衢县籍翻译家郑次川推荐给著名学者、上海商务印书馆经理王云五先生，在王先生家中做全日制家庭教师约四年，负责教王的两个儿子学习中文、外文和数学。林科棠既能胜任多学科教育，又能专心研究儿童教育的方法，得到王云五先生的好评。在此期间他又从商务印书馆买了大量中外著名的儿童读物，以及杂志《小朋友》和《儿童世界》，装满了一个小书橱，准备做一名“儿童教育”方面的专才。

而林登洲呢？只希望林家多些男孙以重振“乾、坤、礼、乐”四房门庭，故而重男轻女。林科棠不得不对自己的父亲怒吼：“男女都一样，谁说女孩没有出息！谁再敢把我女儿抱出去！我的三个女儿都会有出息！”他亲自把六岁的维雁抱回家，并嘱咐妻子要像对待男孩子一样来教养她，不许涂粉、擦脂、抹红，不许扎耳孔、戴耳环。此后多年，他又常常像讲故事一样，有声有色地讲述他和自己父亲争论“男女都一样”的种种情景，以鼓励女儿不要因自己是女性而自卑，而要力争做一个有出息的女子。

二　幸福的童年，多彩的教育

小维雁回家时，正是当年学校寒假开始的时候，父亲有足够的空闲时间陪她做游戏，逗得她开心而笑，扑倒在父亲的怀里。有一天她看到父亲回家，就娇声娇气地对父亲说："阿爸，米糕、点心、花生在箱内，荸荠、橘子在吊篮里，我去拿给你。"说完，便立刻拿起凳子，想要爬高去拿。父亲感动极了，多么好的孩子！她第一次见到如此丰盛的美食，就想到要给父亲吃。

父亲发现，她的求知欲很强，喜欢听故事、看图画，但总是爱眯着眼睛看远处的景物，父亲看到后，不禁叹息着："先天近视，是遗传因子和营养不良造成的。"父母深感内疚，却无能为力，只能更加关心和疼爱她。出身中医世家的母亲发现她有腿膝疼痛的顽疾，立即调配药酒，天天给她敷药治疗，治疗后虽有明显好转，但仍残有一些风湿症状。

此后祖父也慢慢发现，这个女妮天资聪颖，爱说爱动，天性好强，也许是一个读书的好苗子，应该送到樟潭小学读书去。当时樟潭镇木业经济再度繁荣，地方财力雄厚，使本地区小学成为全县优秀小学。校舍是新建的新式楼房，一进校门可见两旁各有一排绿油油的冬青树和高高的梧桐树。校园内还有一个青翠的竹园供学生乘凉和唱歌。宽大的礼堂高高悬挂着数位科学家的画像，有牛顿、爱迪生、哥白尼、伽利略、达尔文等。

维雁在这个学校各门功课都很优秀，还把那些科学家的发明和他们对世界科学的贡献记在心中。此外她还认识了程杏荣，两人常在图书馆看各种课外读物，成为一对学习优秀、追求进步的好朋友。她俩常一起参加校内各种有意义的活动，如到农村和镇上街道做公益活动，为遭受水灾的老百姓募捐等。她们在这些活动中既得到了锻炼，又加深了友谊。此后，程杏荣先毕业，考上省立衢中初中部，维雁则在1936年秋转学到金华中学附属中学。该校正在排演当时的流行歌剧作家黎锦晖创作的歌舞剧，维雁非常感兴趣，因未能参加演出而感到遗憾。于是寒假回到家后，她就让父亲用笛子伴奏，带着两个妹妹一起排演儿童歌剧《小小画家》。当扮演小乞丐的维凤唱到“可怜我张阿大，从小死了爹和娘，穷苦日子过不下，流落做叫花，天气冷，肚子饿，满身病痛，饥饿难挨……”这悲伤的歌词时，她凄凉的声音不禁使三姐妹流泪了。黎锦晖笔下的小小画家有一颗善良的心，他将自己的烤面包送给乞丐儿童，这善良的行为感动了三姐妹。维雁立即提出一个想法：现在家中过年有规定，乞丐来时每人各给一汤匙大米，那是否可给小孩多一点？她的想法得到父亲的支持。于是三姐妹争先恐后抢着多给且愈给愈多，并巧妙地躲过了管家的干扰。这件小事展现了维雁善良的心，她一直保持着这种善与爱的美德。

那几年的寒暑假，家里就像一个说书场，父亲尽力挤出时间，认真细致、有声有色地给女儿们讲解许多中外著名的童话和传奇故事，如《一千零一夜》、《安徒生童话》、《格列佛游记》等。这些故事把维雁带进一个个奇妙的童话世界：那成千上万的小人爬到巨人身上，替巨人喂水喂食；还有用手指擦一擦神灯就可见到一座美丽的宫殿。维雁同情那卖火柴的女孩，喜爱《阿里巴巴与四十大盗》中机智救主的女仆，也梦想坐着神奇的飞毯周游世界。此后，她一边听父亲讲解，一边大量阅读《西游记》、《水浒传》、《聊斋志异》等经典名著。父亲讲得很生动，维雁阅读得也很快。她从这些名著和各种人物故事中了解到民间的疾苦，赞赏那善良正义和敢于反抗斗争的英雄。在家中，她也敢于与男孩打架，从不示弱。她从小喜爱爬树、爬竹和翻跟斗，这都是父亲对她鼓励的结果。有一年她的淘气使她险些丧命。那年春天，她在舅父家玩耍时，听到池塘内青蛙的鸣叫声。为了抓蝌蚪，她拉着表妹方雪群快速奔跑，细雨蒙蒙，道路泥泞，两人在下台阶时不慎滑倒，一起跌入池塘，为站起来，她俩在水中猛力挣扎。幸好两人互相拉着手，没有松开，终于一起站了起来，爬上台阶时两人就昏倒在地上了，也不知喝了多少水。

此时恰好舅母路过，将她俩送到医院，经抢救两人脱险。父亲听说此事，夸她勇敢。母亲则说：没有一点儿女孩的文静，就有一股淘气且不怕挨打的劲头。旁人有意将她从母亲的竹板条子下拉出来，她偏偏走回原地！父亲骄傲地说她酷似童年的自己，连说话走路都跟自己差不多。

维雁还是一个很懂事的孩子。母亲在头胎难产中留下鲜为人知的后遗症，生殖道与肠壁形成瘘孔；长女在十三岁时因急性肺炎去世，母亲痛哭数月后精神和视力很差，几乎不能操持家务。面对这一切不幸与困难，只有十岁的维雁，能够细心照料母亲，不定期写信到上海告诉父亲关于母亲的情况，从此鸿雁传书的任务就由她来完成。在生活上，她不求伯母照料，自己一人到木排筏上洗一家三口的衣服；暑假里又在母亲指导下，自己动手做好一年内家里人所需的布鞋面和布鞋底，虽然这也是父亲所要求的，但维雁很自觉。以后维雁做鞋、洗衣在家中形成惯例，一直到姐妹俩都上大学后才终止。每年暑假，父亲都要求维雁她们将全部书籍放到太阳下晒一遍。搬书的工作量很大，但维雁知道父亲有疝气顽疾，因此总是抢先领着妹妹搬书（实际上总是维雁一人干得多，妹妹有时候是“帮倒忙”）。她们要将大量书籍搬到远处晒谷场的竹席上，并在烈日下看守一整天，因而每次都累得满头大汗。父亲看在眼里，痛在心头。到傍晚，姐妹两人又将书搬回，并细心、有次序地将书整理好，然后再放到书橱上。父亲就说：“好呀！看来你们从小就能养成吃苦耐劳、细心认真和爱护书籍的良好风气和美德!”在旁人看来父女三人常常漫步江边,在夕阳下吹笛唱曲,却不知她们的童年也有不少辛劳。

在父亲对女儿进行有计划的教育中,他最重视的是:必须打破封建主义的桎梏,树立男女平等的思想。父亲在教习和演唱昆曲时,常常向维雁她们介绍戏中那些著名的女性人物,如为国受辱的西施、感天动地的窦娥、荒年吃糠上京寻夫的赵五娘、不受歧视宁死反抗的尤三姐、怒沉百宝箱反对被出卖被欺骗的杜十娘、替父从军的花木兰、击鼓抗金的梁红玉以及《水浒传》中敢于同男人一决高下的扈三娘、孙二娘等。父亲说得很有感染力,维雁听得入神,不同的人物不同的命运,有的让维雁悲愤,有的让维雁喜爱和敬佩。父亲是在有意识地向维雁传达一种反封建的民主意识,培养一种巾帼不让须眉的性格以及同情弱女子的善良之心,使维雁在思想上既不满封建主义对女性的歧视和压迫,也不因自己是女性而自卑。初中时,校内壁报开展女性问题大辩论,维雁就敢于迎接男生的挑战,用真名实姓贴出辩论文章,清楚地阐明自己追求女性解放的主张。

大约在“九一八”事变后,历经战乱苦难的祖父,在临终之前再次预感外患的逼近,他要求父亲将家族的历史告诉后代,不要忘记鸦片的祸害。于是父亲开始以林氏家族的百年历史对维字辈子孙进行了一次爱国主义的教育,讲述了林家从清初盛世到晚清的血泪史,从国家到家族这一连串休戚相关的中国历史和家族历史的沧桑风云，告诫林氏后代不要忘记祖国和家族的历史和苦难，一定要树立“国家兴亡，匹夫有责”的责任感和爱国心。

说到鸦片的祸害，父亲告诉大家：英帝国主义不允许本国人吸鸦片，却把这易上瘾的鸦片从印度大量输入中国，中国土地上毒烟弥漫，全国受害的民众不计其数。父亲还给维雁她们讲述少年林登洲不仅要和双亲在战乱、饥饿中挣扎生存，还要忍受双亲在毒瘾发作时的痛苦的往事，维字辈后代听后个个垂泪涕泣。这样的惨痛经历何止一次！民国时期，民众吸鸦片的恶习仍在泛滥。大洲镇村头方家中有多家族亲因吸毒破产，其中维雁的二舅方正荣也染上毒瘾，导致倾家荡产，妻女挨饿，两个儿子只得外逃求生，外祖母天天以泪洗面（注：后来大舅方正南从金华回衢州对二舅实行强制戒烟），一个原来常常给人看病不收红包或直接将家传秘方告诉病人而被人称为“傻子”的心地纯良的乡村医生就这样被鸦片毒害了。维雁听闻此事，更加憎恨英国以贩卖鸦片毒害中华民族以侵略中国的行径。

三　遂昌之行，初见曙光

1937 年暑假，维雁以优秀的成绩考进省立衢县中学初中部。此时日本侵略者发动侵华战争，以飞机轰炸衢县火车站和飞机场。校园离火车站和飞机场都很近，必然会受到波及。同学们都躲在书桌下或床底，校园已不平静了。此后，上海、南京、杭州相继沦陷，维雁焦急地等待着父亲回家乡。

大约十二月，父亲才从省立金华中学匆忙回到衢州老家，此时衢江上已有许多逃难船只在行驶。他好不容易租来两条船，一条载人，一条装书，全家人忙碌几天后，告别了故乡，逆水行舟，准备到乌溪江上游即遂昌县中游村避难。全家人心头笼罩着战争的乌云。父亲不得不振作精神，不停地说话，以使维雁姐妹对战争的残酷性有足够的认识。他告诉维雁，昆剧故事中有一对王瑞兰、王瑞莲姐妹，她们都在战乱中与家人失散，遭受了许多曲折和苦难，由此告诉维雁姐妹，战争中会有妻离子散、家破人亡的遭遇，但无论怎样都一定要坚强地活下去。父亲又天天教维雁姐妹唱歌，如《满江红》、《木兰辞》，教育她们要有岳飞和花木兰那样英勇抗敌的精神。他还教维雁姐妹唱三种不同曲牌的《凤阳花鼓》，并告诉她们，如有必要，可以卖唱求生存，只有克服一切困难活下去，才能抗敌救国。试想当时父亲有多么悲观，竟做出这种最无奈的设想。一家人在水路上航行三天，到达中游村，才安顿下来。房东姓王，他儿子是父亲的学生，已帮父亲安排好住处。

第二天，父亲便带着维雁姐妹早早起床，从江边拾阶而上，直达山顶；在晨曦中做完体操，又跑步下山，到冰凉的河边用水洗脸，然后回家吃饭。此后更是天天如此，风雨不改。父亲以这样的晨操锻炼维雁姐妹的身体，以适应战争时局的需要。这种准军事化的生活，一直坚持到返乡的那一天。

后来父亲在乡里开办了一个讲授古文的补习班，招收了几名学生，维雁也与他们一起学习，但父亲对维雁最严格：上午听父亲讲授唐诗、宋词、唐宋八大家文集和孔孟老庄经典著作后，必须背诵下来；下午再用古文写作文一篇，四个月共作文百余篇。维雁从李杜等诗篇中懂得战乱带给人民的疾苦，从陆游、范仲淹、岳飞和文天祥的文章中懂得了爱国情怀、高尚的人格和正义的气节，从孔孟老庄著作中懂得了他们的哲理和思想。但其中有些著作有着深邃的思想内容，如孟子的“天将降大任于斯人也”、“生于忧患，死于安乐”，维雁感到理解起来难度甚大，用这些名句来写作，常常多次修改后才勉强达到父亲的要求。而她印象最深的是父亲讲解的“苛政猛于虎”：有一位老妇，三个亲人都被虎咬死，但因该地无“苛政”而不愿离开。父亲的这段讲述给维雁留下深刻的印象。

虽然身处这宁静的小山村，但父亲和维雁都很关心抗日形势。他们每逢周日都要走十多里山路到镇上买报纸，打听时局消息。镇上也有父亲的学生，为父亲保持着与外地的通信联络。有一天，父女二人在镇上听到有一位将军带领着抗日的队伍在遂昌活动并走向抗日前线的消息后十分兴奋，快速跑回家。途中，维雁一路高喊："朱毛的队伍来了，朱毛的队伍来了！"八岁的妹妹不停地追问："朱毛？朱毛是什么呀？"维雁得意地逗妹妹说："不告诉你，就是不告诉你！"父亲含笑告诉她们："是朱德和毛泽东两个人的姓。抗日的队伍来了，是共产党的队伍，国共合作抗日有希望了。"

此时此刻，维雁心中的抗日热情在燃烧，她奋笔疾书，写下几首抗日歌谣。妹妹维凤所在的小学正要求学生创作可进行演唱和舞蹈的作品，维雁得知此消息，立刻兴奋起来。她想起歌剧家黎锦晖创作的《蝶恋花》的歌词是"飞飞飞，飞到花园里"，忽然来了灵感，改写歌词，将"蝴蝶"改为"飞机"。父亲一看很是高兴，立刻拿起笛子试吹几次，记下曲谱并教维凤演唱。维雁又改编了舞蹈动作教维凤跳。这个即兴创作表达了一个孩子充满童心的爱国情怀。后来维凤在学校多次表演《飞机歌》，受到师生们的好评（注：《飞机歌》见后文）。

在这段时间里，维雁有较多的闲暇时间，而家中又有许多由商务印书馆出版的"五四"运动以来提倡民主和科学的进步著作。维雁如饥似渴地阅读，连吃饭、上厕所都看着书本。当然，她读得最多的是鲁迅、郭沫若、郁达夫、叶圣陶等人的作品，其中有许多反映中国现状、追求民主进步和革命的内容。维雁渴望看到社会的进步、政治的民主和抗战的胜利。而遂昌及其周边地区正是闽浙地区红色游击运动最活跃并有革命传统的地区之一。当她得知共产党的队伍北上抗日时，她是由衷拥护的。遂昌之行使她初见革命的曙光，这也正是她一生中读书最多的时期，也是她走向进步和革命的启蒙时期。她在父亲翻译的著作中第一次看到有关马克思主义的论述，包括《共产党宣言》、《资本论》等（1949 年 6 月 30 日毛泽东发表《论人民民主专政》一文时，父亲告诉维凤，维雁在遂昌时已看过《欧洲思想大观》中关于马克思主义的论述）。遂昌之行对于父亲来说亦有重大意义，他从抗战初期那种悲观情绪中解脱出来，看到国共合作、抗战胜利的曙光。当时重庆大学校长叶元龙来函，请父亲到重大执教，但他决定不去重庆，原因确有多方面。不过受此影响，他想到了，他应走出深山老林，回家乡做一些有利于抗战的教育工作。

1938 年暑假，父亲受聘到省立衢县中学师范部任教，父女两人颇为不舍地将书籍装在麻袋中，并送到房东家的小楼存放。全家人乘坐一条小船沿着美丽的乌溪江下行，彼时晨雾渐散，灿烂的朝霞映照江岸，只见青山移动，竹摇清影，风光秀丽。有时行船遇到急流险滩，船夫高举竹竿猛力劈开浪花，小船从浪峰中跳跃而过，妹妹吓得惊叫；而维雁和父亲立在船头，迎着浪花，带着对抗日胜利的憧憬，带着对学校生活的期盼，高兴地咏诵着杜甫的诗篇：“剑外忽传收蓟北，初闻涕泪满衣裳。却看妻子愁何在，漫卷诗书喜欲狂。

白日放歌须纵酒，青春作伴好还乡。即从巴峡穿巫峡，便下襄阳向洛阳。”此时大家的心情正如“朝辞白帝彩云间，千里江陵一日还。两岸猿声啼不住，轻舟已过万重山”。

这两首诗都表达了诗人经过艰难岁月后突然迸发的一种激情。父女两人也有同感，一路上多次吟咏这两首诗，并教年幼的小妹妹跟着咏唱。在这样的气氛中，一家人欢天喜地地回到故乡。

附：

飞机歌

（儿歌）

林维雁　词

林科棠　曲

作于1938年春

1=C $\frac{2}{4}$

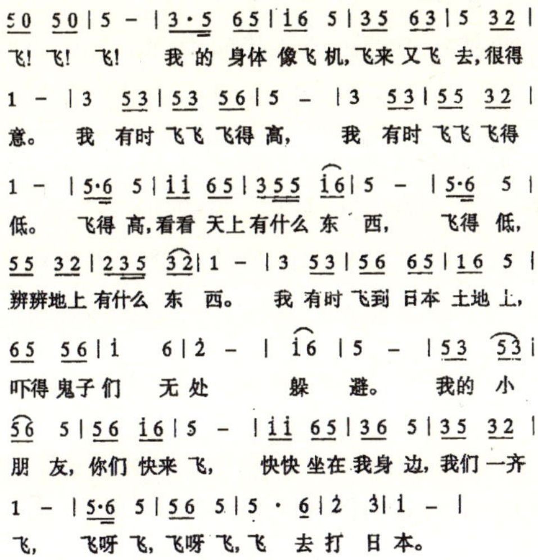

四　在抗日烽火中成长

1938年9月维雁回到省立衢县中学初中部复读。当时学校的环境很差，教室都是借用祠堂庙宇或民舍，夏不遮阳，冬不避风，白天光线暗淡，晚上只能在青油灯下看书写作业。但困难没有浇灭广大师生的爱国热情，当时衢中尚有一支良好的教师队伍，他们把自己的拳拳爱国之心全部倾注在教学工作中，并传播民主进步和反法西斯的思想。学校内抗日救国的思想也深入人心，师生们演唱抗日歌曲，例如《义勇军进行曲》、《大刀进行曲》、《松花江上》、《打回老家去》。晚上师生们散步时，歌声回荡在广阔的田野上，既充满着对敌人的愤怒，又表达了对祖国真挚的热爱。维雁也积极参加这样的歌唱活动，此外她还喜欢本校音乐老师孙杏叔等创作和教唱的抒情的爱国歌曲《杜鹃曲》和《梦江南》。

杜鹃曲

杜鹃啼在山冈，声声充满凄凉。

祖国的健儿们，为国战死在疆场。

归归　哟归归，哟归归　哟归归哟。

壮士的英魂，祖国人民同声为你们歌唱！

梦江南

昨夜，我梦江南，满地花如雪。

小楼上的倩影，正遥望点点归帆。

丛林里的歌声，飘浮着傍晚琴音。

今夜，我梦江南，白骨遍荒野。

山在呼啸，地在沸腾，人在呼喊，马在悲鸣。

侵略者的铁蹄，踏遍了祖国各地。

维雁常常一个人深情地演唱这些悲愤的抗日歌曲。山河破碎，烽火连天，人民受难，“白骨遍荒野”。这一切都牵动着她那一颗纯良又尚未成熟的少女之心。

此时全国民众的抗战情绪风起云涌而不可遏止，各地区的学校都把文艺作为武器，对准日本侵略者发出怒吼。1938年12月14日，在日军占领南京一周年之际，《东南日报》发表社论《别忘记今天》，揭露了侵华日军在南京采用刀砍、枪击、沉溺、活埋、奸杀等惨无人道的手段对我国数十万军民进行大屠杀的真相。同时该报还刊出幸存者所写的《南京已非人间》一文，揭露了侵略者进行大屠杀时，将数万同胞逼至长江江边，致使两三万人被淹死这一惨象。为此维雁父亲林科棠与吴作求合作创作了一首愤怒和悲壮的歌曲《长江呀长江》，描写许多同胞被杀害和悲壮牺牲的场面：他们宁死不屈，长江也狂涛猛起，喷血扫扶桑。接着维雁父亲又继续创作了三首抗日歌曲《钱江潮》、《锦绣河山》、《骂汉奸》，这是他一生中仅有的一次创作高峰。这样一来，维雁的家就从“说书场”变成了“歌厅”。父亲每天清晨都会将两个女儿和一个侄女叫醒，一遍又一遍地教她们演唱这三首抗日歌曲。维雁特别喜欢唱《骂汉奸》这首歌。性格刚强泼辣的维雁站在老宅院天井的台阶上，一手叉腰一手指点着，痛斥汪精卫等汉奸之流：

呸！汉奸！呸！汉奸！
为什么要引狼入室，要为虎作伥？
堂堂的中华男儿，为什么要认东洋为父，东洋人为娘？
为了你，多少将士浴血奋战战死在沙场！
为了你，多少同胞东奔西走流浪在他乡！
为了你，多少妇女们，不是去投井就是去悬梁！
若不是你助纣为虐，东洋鬼子哪里有这般猖狂！
呸！汉奸！你不知祖国，只知道钞票几千几万张！
你真的是，丧了天良，黑了心肠！
恨不得砍你头！剥你皮！剖你肚！寸寸斩断你的黑心肠！

有一日鬼子们纷纷逃回国，难道你也逃往东洋？

呸！汉奸！万恶的汉奸，看你什么下场！

她骂得真是痛快淋漓，那过于认真的态度，逗得妹妹们大笑不已。她却说："你们笑什么？全国各地都有抗日的宣传，我能去才好呢！"此时妹妹们才明白，她是多么期盼自己能走出去做抗日宣传工作，为唤醒民众的抗日意识而努力，只是遗憾自己年龄尚小，没有这样的机会。此时衢县中学已有中共地下组织，但都在较高的年级。她年龄小，年级低，并不引人注意。

1939年初，程杏荣也来到衢县中学初中部复学，比维雁高了一个年级，两个小学时期的好友一见面，就谈得十分热烈，童年的友谊是她们俩亲近的基础。程杏荣将她在老家（遂昌王村口）所见所闻的既新鲜又神圣的情况说给维雁听。她亲眼看见粟裕将军领导着的在她老家山上打游击的工农红军北上抗日，从她家门口走过。他们队列整齐，穿着灰布军装、绑腿和草鞋，她目送队伍走完。红军刚走不久，又来了好些上海同济、复旦大学的学生。有的是"乡村指导员"，有的是抗日政工队队员，宣传抗日救亡。他们演剧、唱歌、刷抗日标语，一个个都很平易近人，主动亲近她，彼此很快就熟悉了。他们最大的困难是与乡亲接近时听不懂当地方言，所以想要杏荣当翻译。维雁也告诉杏荣，外地有个女共产党员来衢州时被日本特务盯上了，当时月色朦胧，她不熟悉地形，只能朝东门外走去，那儿是一个平坦的机场。她机智地伏在地上，将绿色外套盖住身子。特务发现目标没了，只见前面有一个地方地形稍高，为看得远一点便踩上去，恰好踩在她身上，于是将她抓走杀害了。当时杏荣和维雁都很敬佩这位女党员，恨死日本特务。

中共地下党组织流动书店来卖书，程杏荣买了几本，次日就被学校训育处没收了，还因此事受到处分。不久程杏荣又从一位老师处借到一本斯诺的《西行漫记》，她看后就明确认识到只有共产党才是祖国的希望。她悄悄地离开学校，直奔遂昌县城参加抗日政工队。从此，维雁就很少有机会见到这位好朋友，但心中一直牵挂着她，每到过年时，她都要到程杏荣家中探访，后来才得知她在福建龙泉一带活动。实际上，程杏荣早已在龙泉宣誓入党了，但不久与组织失去联系，正在想办法寻找党组织。林维雁不知详情，只能猜想她的景况。维雁多年来一直与程杏荣保持亲密的友谊，称赞她能克服生活上、经济上许多鲜为人知的困难，执着地寻求进步和革命，因而常常对妹妹们谈起对程杏荣的思念。

翻开衢州的党史，我们可以看到，从 1937 年 1 月建立第一个地下党组织开始，再到红军北上抗日，这段时期在闽浙赣这片土地上曾经有许多共产党员前仆后继，甘洒热血，献身革命事业。他们那种崇高的革命形象，恰似一盏盏红色的明灯，照亮了程杏荣和林维雁寻求革命的道路。

五　艰难的岁月，艰苦的奋斗

一年又一年，斗转星移，抗日战争进入到相持阶段。维雁已进入高中读书。1942 年初夏，战火逼近衢州，学校撤退，居民疏散。维雁随家人撤走，每人仅仅背一个大包袱，只请一个老年挑夫，挑着两床被褥和一个箱子。全家人一路跋山涉水，期间维雁又与父母及舅母一家人失散多日，最后总算幸运地汇合在一起，在大洲镇罗樟源深山中一个只有几户人家的小山村落脚。深山里突然来了许多逃难者，房价和米价暴涨！人们花了昂贵的租金只能在地上铺一张草席或是一堆稻草睡下来，吃的则是稀粥、野菜和盐巴，生活十分艰苦，又常常听到远处的炮声和枪声，使人提心吊胆。

9 月初日本军队退出衢州。维雁和父亲刚听到日军撤退的消息，就急急忙忙从大洲镇出发，准备返回樟潭镇。一路上他们见到的是这场掠夺式战争所留下的创伤和悲惨情景。稻田里不见庄稼，稻谷早已被日本鬼子抢割光了。临近樟潭镇的道路上、铁道边和稻田里，尸体到处可见，除了中日两方军人外，还有不少无辜的老百姓。一眼望去，这许多的尸体，或残肢断臂，或被苍蝇包围，其惨状实不忍睹。过去他们只在书本上看到过对战争的描述，现在却亲眼见到这些血淋淋的残酷事实，不禁对这穷凶极恶的军国主义愤然欲吼！在狭窄的道路上、田埂上有尸体横卧，他们常常不得不绕道而行，有时又只能奋力一跳，跃过尸体。面对这些，维雁这位年仅十八岁的女孩表现得沉着勇敢。从大洲镇到樟潭镇只有二十五华里，他们却走了整整一天，十分劳累。当他们走到樟潭镇下埠时，呈现在他们眼前的不是昔日温暖宁静的家园，而是一片片废墟、一座座倒塌的残墙，以及一堆堆破瓦砾。那一座具有数百年历史的闽派风格、挂有乾隆御笔匾牌的深宅大院，相连的前厅和后厅，周围的一排排偏屋以及种着各种花、草、果树、竹子的院落都被日本鬼子烧毁了，孩子们最喜爱的桂花树和柚子树也被付之一炬。父亲环顾四周，发疯似的惊叫着："历史又重演了，又只剩下两个搬不动也烧不坏的大石器（石磨、石盆），真比太平天国时期更凄惨。"他们仔细一看，前厅只剩一个三十平方米的小厨房及养猪的偏棚屋，伯父居住的后厅只剩半个厨房及几间偏舍。父女携手来到前厅的小厨房，只看到遍地污泥和垃圾，连鞋都黏得拔不起。无奈呀！两人只能在一个桌子上背靠背坐了一夜，他们一边强捺心中的愤怒，一边又忧心忡忡地担忧着今后的生活和出路。晨曦微露，他们才下桌站立，仔细观看这厨房四周，只见这厨房中仅剩下一个大灶台、一个大水缸、一个碗柜和一张桌子，其余俱已被洗劫一空。靠北的墙壁已倒塌一半，北风呼呼吹来。从四周墙壁污泥水渍的印痕，可以判定洪水曾三次侵入此厨房。第二天维雁就从开客栈的姨妈家中借来清洁用具，开始了艰难的清扫。维雁和父亲又赶到学校，学校已搬到外县山区地带，幸亏二人寄放在老乡家中的铺盖衣服没有损失。维雁又到大洲镇接回母亲和妹妹，一家人总算团聚在一起了。父亲首先要为自己和维雁再找工作而到处奔波，但当前最棘手的问题是住宿问题。父亲令两个女儿修理已倒塌一半的北墙，需要加高一米多，直至屋顶。维雁带着妹妹从废墟上搬来许多砖块，又用木板搭起架子，维雁站在高处将一块块砖堆在墙上直到屋顶。她们干了好几天，其劳动强度和危险性对于两个从未干过重活的女孩子来说是不能想象的，虽然筋疲力尽、手上破皮、指甲裂开，也只能默默忍受。父亲从城里回家见到此情此景，感慨地说："我的两个女儿真是太懂事了。"并指着林维雁说："我的长子呀！"但母亲脸上仍有一堆愁云，她说："这样堆砌的墙壁只怕大风一吹就倒，一块砖头吹下来就可以砸破脑袋。"父亲只叹息道："没有办法，暂住吧！到明年再说。"父亲更担心的是，此时自己衣袋空空，家中缺衣少食，今后如何生活？他决定为大女儿找一份小学教员的工作，让二女儿提篮做买卖。他先到各处为自己和大女儿找工作，又到城内地摊上买来一条老刀牌香烟，令二女儿提着小篮叫卖香烟。从小娇生惯养的二女儿哭着大喊不肯去。维雁一边批评她，一边强行拉着她，一齐提篮叫卖香烟许多天，几乎走遍了樟潭镇上每条街道。在那生活困难的年月里，哪里会有人买名牌香烟呀！幸运的是，后来有一个朋友帮二女儿找到一份在走私香烟的小香烟厂的工作。二女儿在烟厂做工，打印卷烟支的小纸条，挣钱买件棉衣过冬。

姐妹俩提篮叫卖的时候，看见这昔日繁华的浙西名镇，原有的一千多户人家，还有许多闽派和徽派的精致楼房、大院，以及许多木行和经营百货的各类商店，现在已面目全非；四分之一的房舍被日军焚毁；洪水三次进入地势较低的下埠街道，有的街道只剩一地烂泥。全镇各条街道行人稀少，显得冷冷清清，唯见米店和药店有人进出，米价已涨到十八元一斤，药店前买药者多，因为污浊的洪水使许多人烂足而不便走动。家家都有难唱曲，人民处于水深火热中。更不能容忍的是日军强奸数十名妇女，连老幼病号都不放过。

姐妹俩从母校后门木栏杆的缺口走进校园，只见校园遭到严重破坏，礼堂里已无风琴，几位科学家的画像已被扯破扔在地面上，教室内的桌椅也只剩下寥寥几张。维雁痛心地说："破坏到这种样子，根本不能开学了。"维雁的估计没有错，次年樟潭小学只招收了六十多人，两个复式班级，一个校长，两个老师，这在樟潭小学的历史上从来没有过，可以看出，樟潭镇遭受到严重的破坏，人们也无力供养儿女读书了。种种情况表明，樟潭镇是衢州地区受战争影响最严重的地区。

从死尸堆中穿过来，又耳闻目睹家乡遭受的种种战争创伤，维雁心中怒斥着日本鬼子的滔天罪行。而战争后的各种惨况又令维雁十分痛心。溃败流窜的士兵，不论在城镇街道还是深山里难民聚集的村落，都到处抢劫，富户的金银，商店的食品、服装和百货，甚至逃难儿童的东西也不放过。维凤有件好毛衣，他们要拿走，维凤哭着不松手。此时因结核病卧床不起且又信仰基督教的表嫂只得下床求情说："老总，行行好吧，别拿小孩衣服，上帝会保佑你们的。"维雁听说后感慨地说："这样的军队还能打仗吗?"大洲镇上还能见到各派系军队互相争斗，结果往往是百姓受欺侮。日军撤退后，樟潭镇上的乡保长们也只会借机搞所谓的"清乡"，为自己捞取财物。维雁只能把一切疑惑埋在心底，并因此变得深沉起来，通过思索一连串的问题，她更加担忧抗战的前途和老百姓的生活出路。为了生活，她自己也不得不辍学，到车塘小学教书。

光阴似箭，中华民族的传统佳节——春节即将来临。往日里，此时的古镇热闹得很，正是人们采办年货的时光。而那年街道上冷冷清清，已不见当年来采购的来自四面八方的人群，也听不到往年茶馆内的喧闹声和小曲声。除夕之夜正是全家团圆、爆竹声声的时候，但能有几家再现往日的情景和盛况呢？人们正在悲伤地回忆这场侵略战争带来的创伤和亲人的生死离别。林家第八代长孙林维熊为保卫祖国在战场上被日本飞机炸死，林家大片房屋已被日本人烧毁，再也不可能在一起祭祖了。林科棠家的除夕"盛宴"只有一碗肉以及几个小米和着雪里红包成的粽子。晚饭后也没有往年的笛声、歌声和笑声，一切都显得那么冷清凄凉。父亲本就是一个反对迷信的唯物主义者，现在为了省钱就干脆严肃宣布：破除一切迷信行为，今后不再烧香点烛、张贴灶爷画像等。接着家中一连两天晚饭后讨论女儿们的上学问题，父亲和母亲对女儿们的反复诉说，使女儿们刻骨铭心。父亲先说："在上海的银行所存的那笔钱再也拿不回来了，家中只剩两个石器，拿什么供你们上学？只能靠你们自己努力考公费，考试平均成绩要在75分以上，维凤第一年先试考一下，考不上的话再刻苦补习一年，但第二次必须要考上。"父亲语气很坚决，女儿们心中也明白，父亲从来就是这样要求自己的。但谈到维雁的升学前景，父亲却是忧心忡忡。他知道维雁的学习成绩历来优秀，考上公费生应该不成问题，但到内地（指重庆、昆明）要一大笔路费，家中财力已负担不起，他想让她再次当小学教员以存备一笔钱。父亲多次跑到城内各处找朋友们帮忙，但在战争最艰难的时刻，找到一个小学教员这样的工作太不容易了，有的朋友不仅不帮忙还说风凉话，父亲只能默默忍受。

一向不爱说话的母亲，突然说出了许多女儿们不曾听过的往事。母亲叹气说，也是一个大年三十晚上。那是二十年前，父亲在除夕前为自己奔走找工作，天天城内、城外两处奔跑，哪怕就是找到一个最普通的乡村小学教员的工作也会异常高兴，但一点机会都没有。父亲感到自己无法向家人交代，在思虑中不慎滑倒在路旁的粪坑里，被好心的过路人救出，伯父替他挑了一担冷水冲洗，而祖父对他则是一顿怒斥。次日起，他就一连数天高烧，卧床不起。但祖父毕竟是心疼父亲的，又鼓励父亲在家继续学习，闯出另一条路子来。父亲刻苦自学日文一年半，从困难中再次站起，来到十里洋场的上海，白天当家庭教师，晚上继续读书深造，并翻译日文著作。母亲夜夜陪着父亲，两人每天都工作到深夜十二点，生活十分简朴。三年工夫，父亲译出著作五本，后几年又编译著作六本，所得稿费皆存于上海的银行。母亲是个父亲早丧的遗腹子，得到她祖父的培养和怜爱，因而有不少银元作为嫁妆，此后也存入上海的银行，两人的积蓄足以供两个女儿上大学。但抗日战争爆发后，他们在上海的存款一直拿不回来（注：1948 年国民党发行金圆券时，这几张以银元存入的存款单，其面值只够买一大包火柴，母亲一怒之下把所有存款单用火烧掉了）。

母亲眼里噙着泪水继续诉说，他们夫妻两人艰苦奋斗了二十年，以为将女儿培养成大学生或许更好一些。但没有想到，战争爆发后两次离家逃难，又花去身上仅有的私房钱。现在大火又烧毁家中所有的财物，只剩下面积很小的单、双间店面。店面很破旧，收不上多少房租。现在父亲又在除夕之前为女儿们奔波，因一次又一次遭到失败而苦恼，女儿们可要体谅父亲呀！显然这一番话表达了母亲在一个相似的除夕之夜所经受的相似的痛苦和煎熬，而此时此刻她也几乎失去一切信心和希望。但仔细想想，母亲讲了一个父亲自学成才后为女儿们的升学前途而奋斗的故事，也是在有意识地教育女儿们吧！

维雁对这样的故事早已有所耳闻。她也已从父亲每次自城内回家的表情和叹息，从他那憔悴的面容和灰白色的头发中体会到父亲的难处。有一次父亲试探性地提到衢州地区那些书香门第家族中的女儿如何早日订婚以取得夫家赞助而上学的实例，不过她坚信父亲一定不会采用这样的方式来处理她的婚事和前途，但她也要思考该如何替父母排忧解难。她即刻表态说她不上大学，让妹妹上初中，她去做工。她说高尔基也是从童工开始，上了“社会大学”，成为一个世界闻名的文学家，她一样可以走这条路。父亲很着急，立即说：“中俄两国的国情不同，我也是自学成才的，但一生中多次被别人嘲笑‘只不过是一个中学生’而失业，也不得不在四十岁时，还要想方设法筹钱让女儿去上大学。”

经过一夜的深思，父亲又像往日一样爽朗地说话了。他说：“你们知道吗？现在暂住的这房子本是我们林家礼房先祖为培养子孙后代而特建的私塾，聘请专职老师教习林家四房子弟，这里出了两个进士、一个监生，相当于现代的大学生。你们的祖父诗书琴画样样精通，只可惜太平天国战争使他失去了求取功名的机会。你们注意到了吗？这房子虽然面积只有三十多平方米，但天井特别大，光线明亮，因为这是一个讲课用的教室，又连接一个五六十平方米的大院，是供学生游玩的地方。林家虽是靠经营木业而发达的，但很重视对子弟的文化教育，我们当然也要重视文化教育。现在山河破碎，国难当头，中华民族处于生死存亡之际，不论抗战和建设都急需人才，你们要有长远的眼光，全家人也都要有志气，要咬紧牙关过穷日子，更要努力上进。唯一的办法就是等待机会，做好准备，以优秀的成绩考上公费生，实现为抗日、为祖国奋斗的心愿。努力吧，就从这个已改建成小厨房的旧屋子中迈开步伐！”小厨房代表着家庭的贫穷与艰难，而父亲的一番话用意深远，感情真挚。

父亲的这一番教诲，使女儿们的心境顿时开朗了：“天下无难事，只要肯登攀。”维雁当然理解这位慈父兼严师的性格，他素来刚强执着，在教育女儿时总是说到做到，绝不动摇。维雁必须带着妹妹一起去努力。从此她们除了回学校上课外，寒暑假也不能在家玩耍，或排演自己既喜爱又有兴趣的莎士比亚和曹禺的著名话剧了。她们在小厨房外面曾有破猪栏和大天井的偏棚里，用木板架起一张临时书桌，无论严冬或酷暑都认真复习功课，按照父亲的要求，以超过国家规定的公费生入学分数线分别考大学和初中。

在此偏棚复习期间，维雁曾写过一篇短文给妹妹看。短文的题目是“标语的自诉”，即将标语拟人化，由它自己来诉说自身的境遇和命运：它们曾经被人们打扮得花枝招展，被人们热闹地贴到大街和学校等各处的墙壁上，许多人观看它们，给予热烈的掌声和称赞；但时间久了，经历了多次的风吹、日晒和雨淋后，它们那漂亮的衣服逐渐破碎了，于是标语流泪了，却长时间无人理睬，连老农都向它啐去唾沫。短文没有指出标语的内容，只是泛指而已。当时大街小巷贴得最多的标语是“抗战必胜”、“建国必成”，也许这就是维雁文中所指的标语。看得出，维雁对政府的领导能力是失望的，并对祖国的前途有深深的担忧。妹妹因喜爱此文的写作风格而保留此文多年。

1944 年春，日本鬼子再次流窜衢州各地抢夺粮食。维雁随同家人逃到衢州西郊九华山麓一个庙宇里避难，此庙宇内分散住着许多衢县简易师范学校和中学的老师和家属。维雁已得知，难民中有一个县立初中的老师卜成中，父亲早就提起过他。卜成中先生，笔名孙用，是鲁迅先生喜爱和称赞的青年翻译家，译作有俄国普希金的长诗和小说《上尉的女儿》，更重要的是他翻译了匈牙利诗人裴多菲的名诗《自由与爱情》，在我国文坛广为传颂。抗战后他由杭州逃难到衢州，并定居下来，后来受聘于县立中学担任初中英文和语文老师。当时他也搬到这个庙宇来暂住，每天都与家人往返于县立初中到庙宇的山路上，搬运他所有的藏书，确实劳累得很。妹妹又告诉她，卜老师在她班级所讲的第一堂语文课是鲁迅的名著《聪明人和傻子和奴才》。这两则消息使维雁既惊奇又兴奋，当即要求妹妹陪同她去拜访卜先生。卜先生寄宿的地方只有供睡觉的地铺，没有桌椅，一大堆书籍都放在地上，他只能弯着腰吃力地站着对维雁说话。维雁不敢多多打扰，只简单地请教他翻译裴多菲那首《自由与爱情》的过程。维雁听了很高兴，两人再次高声朗读。

事后维雁欣然而笑，对妹妹说："这么巧，今天有幸见到卜先生，给人的感觉真是谦和亲切。"妹妹补充说："我们的先生，文质彬彬，有时还有一点腼腆。"维雁立即说："卜先生是一个有学问的老师，第一堂课就给你们介绍了一个敢于说真话敢于斗争的人物形象，现在又介绍这首诗，我们一定要牢记在心中。诗人在祖国和人民被奴役时，呼喊出如此感人肺腑的诗句，这是一种多么高尚的思想境界和献身精神啊!"这种为信念可以舍弃生命和爱情的精神是难能可贵的，值得有志青年学习。这一次访问对她今后的成长有着启蒙和引导作用：外国的革命者能做到的，中国的革命者也一定能做到。

同年夏天，暨南大学在衢州地区招生，考场设在衢州城内。维雁与同班好友叶味真一同报考。维雁终于以优秀的成绩考上文学系公费生，实现了父亲对她从小厨房到大学殿堂的要求，也实现了自己要到高等学府学习革命理论和世界先进左翼文学的心愿。

她终于依依不舍地告别亲人和美丽富饶的母亲河，带着那对祖国的满腔热忱踏上了求学之路。临行前她再三嘱咐母亲："奶父母和奶兄都病故了，只剩下一个无依无靠孤苦伶仃的奶嫂，请妈妈尽可能照顾她吧。"母亲说："放心吧，我会尽力照顾她的，给她找一份洗衣服的工作，但愿她能找到一个好丈夫。"

六　在暨南大学学习

暨南大学是一所历史悠久的华侨学校，抗战前校址曾设在上海真如。抗战时为躲避战火，学校迁往福建建阳，时为一所综合性大学，设有文、理、法、商四个学院，学生中华侨所占比例较大。暨南大学也是一所富有爱国民主传统的学校，早在 1923 年 7 月，恽代英就在暨南大学建立共产党支部并开展革命活动，在之后的抗日战争时期，党的活动也连续不断。不少爱国的开明学者、进步文化人、马克思主义者和进步学生都纷纷到暨大执教或读书，学校内抗日进步思想日趋活跃。

林维雁于 1944 年秋考进暨南大学文学系。她和叶味真、章亚英三个衢州女学生经江西上饶，再转福建建阳，来到暨南大学。林维雁考入的是文学系，叶味真考入的是史地系，章亚英则考入教育系，三人均住在女生宿舍，上课时各自回到所学专业课堂上课。林维雁一有空闲时间就到学校图书馆看书，她爱看苏联的无产阶级文艺作品、马列主义的经典著作，以及通俗易懂的中国版本的哲学和政治经济学专著等。有时候她也去拜访思想进步的教授方光焘，他是衢州人，而且是父亲的朋友。

维雁在图书馆或宿舍如饥似渴地看书，很快就读遍了革命理论书籍，思想上也有明显的飞跃，不久就引起校内中共地下党员郑晶莹（党籍在厦门）的注意。郑晶莹发现，维雁经常穿着一件蓝布衣衫，戴着一副高度近视眼镜坐在她的座位上看书，阅读速度之快简直一目十行，给人的印象确实是一个爱好读书、简朴且不爱打扮的女学生。不久她们之间便进行交谈且一起散步。郑晶莹提醒她说："小妹，别把眼睛看瞎了。"维雁一听立刻放下书，两人一同散步。在散步中她们无所不谈，从高尔基的《母亲》谈到肖洛霍夫的《静静的顿河》，从大众哲学谈到政治经济学。两人都是第一学年的新生。维雁是文学系学生，参加中文系的中国文学研究会；晶莹是教育系学生，参加教育系的教育学会。郑晶莹是从台湾来的侨生，经她介绍，维雁又认识了许多进步的侨生。他们之中有的是中共地下党员，有的是学生会干部，如林绿竹、柯以圻、李法儒等。在郑晶莹的带动下，维雁增加了与进步同学的接触，也积极参加进步的太白社和学林社等社团组织的各种活动。她们两人常常到野外散步交谈，关系愈加亲密。第二学年，维雁干脆将自己与晶莹的床铺位连在一起，两个人的枕头紧紧挨着。她们在看什么，想什么？她们之间的交流像不间断的电流。晶莹告诉维雁，她的父亲是台湾的进步人士，曾领导台湾的抗日革命斗争。她愤慨地倾诉日本对台湾人民的奴役。林维雁很受感动，更进一步认清了日本军国主义的侵华罪行。1945 年 8 月 15 日日本投降了，两人在寝室里听到广播，情不自禁地紧紧拥抱在一起，热泪浸湿了她们的衣襟。晶莹的种种爱国之情、爱国之举深深地感染了维雁。她们憧憬着美好的未来，思考着中国将向何处去、人民需要什么之类的问题，但她们在讨论中又感到时局并不那么明朗。

1945 年年底的一天，从昆明西南联大传来了一份传单，它叙述了 12 月 1 日在西南联大礼堂发生的流血惨案：缘由是西南联大举行时事研讨会时，有特务冲入会场殴打学生。消息一出，全国哗然。

暨南大学的学生也即刻行动起来。郑晶莹首先组织同学在校内刻蜡版、搞油印、做宣传材料，准备半夜到校内各处张贴，就像一盏油灯要冲破黑夜，呼喊着人民的觉醒。她立即找到维雁，将一张重庆版的《新华日报》给她看，上面有关于昆明西南联大“一二·一”惨案的报道，征求她的意见。维雁立刻表态说：“应该声援，要我做什么你就说吧!”当天夜里，两人悄悄地把西南联大“一二·一”惨案真相的传单贴满了暨大各系每间教室。次日一大早，同学们看后纷纷表示同情。接着她俩又到宿舍进行宣传，成了并肩作战的战友，冲到了斗争的前线，点燃了民主的明灯。在学生会的组织下，被蒋介石政府的野蛮行径所激怒的全校学生组成浩浩荡荡的游行队伍，走出校门，手持火炬游行，高呼民主口号，矛头直指蒋介石政府的特务统治，火炬照亮了建阳城的街道，唤醒了人们的政治觉悟。游行之后，队伍又召开了声讨特务暴行的大会。女同学刘黑楞在大会上朗读了悼念诗。全校各系敬献花圈，追悼死者。

此后，由于国内形势及学生运动的需要，暨南大学各进步团体都意识到校内各种壁报、刊物应进一步集中力量，发挥作用。于是在 1945 年 12 月 20 日，学林社、太白社、史地学会和中国文学研究会决定在 12 月 26 日成立“壁联”（全称为暨南大学学生壁报联合会），共有十九个壁报团体参加。而此时正是全国民主力量联合起来声讨国民党特务制造“一二·一”惨案的关键时刻，因此“壁联”决定在 1946 年 1 月 10 日——政治协商会议在重庆开幕、讨论祖国前途的那一天，暨南大学十六张壁报同时出版。整个校园都贴满了壁报，真可谓声势浩大，共同呼喊出暨大师生要求民主救国的声音，也充分反映了从海外归国读书的华侨学生的爱国情怀。此后壁报又陆续增加数期。维雁是“壁联”的编委之一，更是稿件的执笔者之一，她以尖锐明快的笔锋，揭露和批判国民党特务们镇压民主的罪行，其笔锋之利、文采之艳，得到同学们的一致称赞，故有“小鲁迅”之誉。

这是维雁第一次在中共地下党的领导下参加爱国民主的学生运动，她在运动中快速成长，在运动中坚定信念。此时的暨南大学也被人称为“东南民主的堡垒”，并为今后的爱国学生运动的开展打下了较好的思想和组织基础。

1946 年春，暨南大学宣布提前放假，准备将学校迁回上海市。维雁在假期中回到家乡，在衢县县立中学教授语文。她常常激动地对妹妹谈起她与郑晶莹的友谊和她在暨大参加爱国民主学生运动的收获，也对妹妹兴奋地谈起俄国的“十月革命”和东欧出现的社会主义国家。从《静静的顿河》到普罗文学，从哲学、政治、经济谈到马克思，她总是那么兴奋，那么滔滔不绝、孜孜不倦，爱国之情和救国之梦已把她深藏在心中的热情点燃了，她盼望早日回到暨大，更盼望早日投身革命的洪流中！

七　波澜壮阔的学生运动

1946年秋，维雁回到暨南大学继续学习。当时上海的政治气氛并不乐观，政府的接收大员们在上海发了一笔“劫收财”，正在得意忘形地花天酒地，也在想方设法控制上海的局面，尤其要控制各个大学。在暨南大学，他们调走了思想进步的何校长，换来一个曾任第三战区政治部主任的李寿雍，并调来一些特务充当学生，主要人物是但家瑞，其因在复旦大学殴打洪深教授而臭名昭著。这一批人物妄想掌握学生会的权力，两派竞选的斗争十分激烈。但素有“东南民主的堡垒”之称的暨大拥有众多的进步师生，在学生会的改选中，他们仍然牢固地掌握着领导权，并发挥着重要作用。

郑晶莹和林维雁都是正义感强烈、讲话激昂，并且是最先冲出来配合男生作战的女将。此时此刻，她们密切关注国内的政治形势：国民政府正准备挑起内战，已暴露出“假和平、真内战”，“假民主、真独裁”的面目，严峻的局势已容不得她们安心读书，她们一心准备着再次走向斗争的前线。

抗议暴行第一枪

1946年12月24日，在我国军民赶走日本侵略者仅有十六个月的时候，在圣诞节前夜，12月24日，北京大学女生沈崇路过东单练习场时被美军强奸了。这是中华民族又一奇耻大辱！北平市清华、北大、燕京等各大高校，在北平发动了约一万人的大游行来抗议美军暴行，要求美军立刻退出中国，呼吁中美组织联合法庭公审凶手。国民党卖国政府却借口“有污友邦”实行新闻封锁。

12月28日《文汇报》把消息传到上海。郑晶莹和林维雁听到这个消息后十分愤怒，如果再沉默就是耻辱！她们即刻赶到位于宝山路的女生宿舍，首先在女生宿舍内进行宣传，并发动全校女生到礼堂集会。此时学生会也通知全校学生到礼堂集会，到会的多数是女生。训导处处长王文元未经邀请就上台说：“沈崇事件是不幸而偶然的个别案件，应由政府去交涉处理，同学们千万不要激动，以免被人利用。”郑晶莹上台诘问：“无耻！难道你的女儿和妻子让美国兵强奸了，你也不激动？不感到受侮辱？反而引以为荣?”台下的女同学纷纷鼓掌。接着林维雁上台说：“大家要有骨气，不要听训导处处长胡说，要维护女性的尊严！”她建议立即召开暨南大学女生抗议美军暴行同学会。与会学生个个义愤填膺，大家不畏风险，当场推选郑晶莹和林维雁为暨大女生抗议美军暴行同学会的正、副主席，并决定罢课三天。

29日暨大学生会在文法学院礼堂召开会议，成立了暨南大学学生抗议美军暴行委员会，女生中郑晶莹、林维雁和陈璧被选为委员。会议决定：①举行罢课游行；②在美军驻地布置障碍以阻止车辆通行；③凡经过校门的车辆一律贴上标语才放行；④要求美军退出中国。

30日全校学生罢课，校门外贴满标语、漫画和美军暴行录。百余名同学于校门外马路两旁挡住往来汽车，让车主在车身贴上标语后才放行。接着暨大又派出十九组联络员前往市内各校联络。全校都卷入了如火如荼的斗争怒潮中。但是校内国民党特务学生不甘心他们失败，妄图组织反罢课。他们贴出标语吵嚷着要上课。抗暴委员会主席在文法学院召开群众大会，他登上高处召唤同学："赞成罢课的同学站在右边！"此时大部分同学都站在右边，只剩下十多个人在左边"顾影自怜"。于是，左边的人悄悄给警察局打电话报警。全副武装的警察来到学校，意欲封校，后经同学们说理，警察退去。大家发现这是但家瑞的诡计，聪明的大学生们便巧妙设计，将他痛打一顿并示众出丑。

31日全市十九所大学的代表在暨大成立上海市抗议美军暴行联合会，正式决定1月1日举行大游行。在元旦那天，全市一万多名学生举行了游行，"起来，不愿做奴隶的人们……"《义勇军进行曲》在寒风里响彻心扉，上海市学生以战斗的姿态，浩浩荡荡地大踏步前进。在暨大的队伍中林维雁用她那特有的又尖又高的嗓音，慷慨激昂地领头高呼口号。

暨大宣传车的大喇叭高喊：

美国兵，滚出去！Get out U. S. Army！

中国不是殖民地！不是美军占领地！

美国兵滚出中国！滚！滚！滚！

保卫中国独立自由！

各校游行队伍的歌声如雷，显示了中国人民的力量。

这次轰轰烈烈的大游行，也是中共上海组织领导的。在全国各地，有五十万以上学生参加了大大小小的游行示威活动。许多社会名流和教授如宋庆龄、马寅初等均以各种方式抗议美军暴行，形成了一个要求美军撤出中国、反对美国干涉中国内政的高潮。在上海，暨大学生组织是第一个决定罢课的，也是第一个成立抗议美军暴行委员会的，并打响抗议美军暴行运动第一枪。因此《文汇报》曾多次以头版大字标题称暨大为“东南民主的堡垒”，郑晶莹和林维雁这些女勇士也在这场抗议美军暴行的斗争中展现了中国女生不屈不挠的形象。

“反饥饿、反内战”的斗争

1947 年春，第二次国共内战进入第二个年头，国民政府在军事上的接连失败，使其面临的政治和经济危机日益深化。

国内金融市场动荡，物价高涨数倍，政府一边大幅度增加军费开支，一边加紧压缩教育经费，使广大师生在生活上更加困难。一个公费生每日七百五十元的补贴只够买两根半油条，一个教授的月薪只能勉强度日。

此时暨大学生会已改选，主席由共产党员柯以圻担任。他在暨南大学爱国民主的学生运动中始终站在前列，起着核心作用，并与上海市中共地下党组织取得联系。面对严峻的形势，他立即邀请了一些著名的民主进步学者和社会名流来暨大进行演讲，例如华岗、郭沫若和马寅初等。郭沫若对国民政府“假和平、真内战”的政治阴谋进行揭露和抨击，暗喻国民政府的统治已摇摇欲坠，会场上爆发了长时间的热烈掌声。马寅初谈了中国当时的经济形势，指出美国正取代日本，企图让中国沦为美国的殖民地，国民政府发动内战，军事上死路一条，财政上死路一条。他接着说，要实现政治和经济的民主，就必须打倒官僚资本。突然他训斥会场有特务在窃听，他说：“有胆量的就站出来！”吓得但家瑞之类的特务只得悻悻离场。马老的演讲在热烈的掌声中继续进行着，同学们无不被马老的这种无所畏惧的浩然正气所感动。总之，这些民主人士精辟而富有感染力的演讲，有力地揭露了国民党反动派“假和平、真内战”和“假民主、真独裁”的真面目，传播着“反蒋”、“反美”和爱国民主的精神，大大提高了广大同学的政治觉悟。郑晶莹和林维雁也得到极大的鼓舞，更有信心也更有热情去参加爱国民主的学生运动，时刻准备着于无声处起惊雷！

从1947年开始，全国的学生运动就风起云涌，如火如荼地进行着。在“五四”这一天，同学们继续发扬“五四”革命精神，上海法学院学生上街游行，被警察打伤，引起全校罢课抗议。5月9日，上海三十四所大中学校代表七百人到市政府请愿，要求保障人权、反对内战。5月13日，上海交大师生近三千人赴京请愿，又遭到上海市市长吴国桢强行阻止。

5月13日南京各大学唱着《我们要饿死了》的歌曲到南京行政院请愿。5月16日，北京大学、清华大学和南开大学提出反饥饿、反内战等六项要求。国民政府于5月18日颁布了所谓的《维持社会秩序临时办法》，严禁十人以上请愿、罢课游行。但哪里有压迫，哪里就有反抗！

5月下旬，上海各大专院校共七千多名学生举行了“反饥饿、反内战”示威游行。暨南大学的队伍再次打头阵，在前面开路。前方是三辆主席团专车和印快报的宣传车，学生会主席柯以圻亲自领队指挥，女生们组成方队，由郑晶莹、林维雁和陈壁领队，紧跟宣传车前进，林维雁还带头举臂高呼口号。男生抬着“二根半油条”和“炮肥人瘦”的漫画，用竹筷子敲打空碗，愤怒地喊出“向炮口要饭吃”的口号。上午11时队伍行至苏州河畔天后宫桥时，三十多个警察骑着日本军马拦在桥头，声称奉命不准学生游行。这时台湾籍学生杜长庚、罗美行、张碧坤跑来对郑晶莹说：“那些马好像是日本马，如果是，我们有办法指挥它们，用日语口令把它们引开。”郑晶莹同意试试看，她勇敢地领三人上前去，趁着骑兵队队长与主席团的柯以圻谈判之际，出其不意地牵住马嚼，用日语口令喊着，吆喝着马群，霎时间马群大乱，警察们也乱了手脚。骑在马背上的警察一个个从马背上摔了下来，有的四脚朝天十分狼狈，有的警察戴着的大盖帽也掉进了苏州河中。此时领队的方阵内有人高喊着：“同学们，冲上去!”同学们趁着马群和警察混乱之际，跨过苏州河继续前行。队伍从南京路转入西藏路时又遇到大批武装警察开着消防车，提着水龙头等。趁主席团总领队和各校领队与军警头目谈判之际，郑晶莹和林维雁带领一群女同学在警察队伍中开展宣传工作，她们高喊着：“警察学生是一家!”“中国人不打中国人!”“枪口对外，向枪口要饭吃!”

她们对警察说：“我们是学生，因为吃不饱饭才去向政府请愿，有什么不对？你们为什么要和我们作对，你们的工资养得起老婆孩子吗?”

许多女同学对着警察说理，声泪俱下。这种动之以情、晓之以理的劝说，使第一道防线的警察深受感动。迫于男同学势不可当的喊话助威及七辆大卡车启动引擎发出的怒吼声，最终警察们做出让步，留出一条通道，游行队伍终于胜利抵达目的地外滩公园。

这次上海市各校联合游行，喊出了“反饥饿、反内战”的口号，暨南大学打头阵，交通大学殿后压阵。几所学校学生充分合作，展示了他们的力量。

5月20日早晨，南京中央大学学生和沪杭苏请愿代表团在南京鼓楼附近会合，然后高呼“反对饥饿、反对内战”等口号，浩浩荡荡由中山路向南行进，到达珠江路口。此时大批警察已横在路边，消防车和警备车呼啸奔驰，一场腥风血雨即将袭来。埋伏在路旁的警察持木棍、铁棒、皮鞭从四面八方冲出，乱抽、乱打这些手无寸铁的青年学生并大肆抓人，有的同学还被戴上手铐送进囚车。手无寸铁的学生们英勇抵抗，队伍几次被打散，又几次聚集起来冲过去。事后统计，学生们重伤十九人，轻伤九十多人，被捕二十八人。队伍冲过封锁线后到达国府路，又被马骑巡队、步枪防护团、国民党青年军、宪兵和架起机枪的步兵五道防线所阻拦。同学们高呼“中国人不打中国人”，双方对峙在咫尺之间，形势严峻。下午2时，天空忽然大雨如注，同学们顶狂风冒大雨原地不动。上海代表团派出三十名同学高唱《团结就是力量》，在滂沱大雨中绕队而行，大家跟着唱，雄壮的歌声响彻大地。店员们拿来了雨伞，居民们送来了毛巾，表达他们对正义学生的支持。学生主席团派代表到卫兵司令部几经交涉，但军队仍然拒绝撤防，后经国民参政会秘书长邵力子调解，政府武装撤离，18时15分同学们也按原定路线返校。

这场殴打学生的暴行被全国各界人士和各地区学生称为“五二〇”惨案。慰问电如雪片般飞来，柳亚子、茅盾、郭沫若、马寅初、冯玉祥等致电声援学生的正义斗争。中共中央上海局书记刘晓和上海市学联吴学谦等决定，斗争的总口号应再加“反迫害”这一口号，一场震撼全国的“反饥饿、反内战、反迫害”的运动已是山雨欲来风满楼了。

从此学生运动不仅有了一个明确的斗争目标，更加成为全国学生与社会各界反对独裁统治的统一斗争。5月30日毛泽东为新华社撰写的评论《蒋介石政府已处在全民的包围中》指出：“中国境内已有了两条战线。蒋介石进犯军和人民解放军的战争，这是第一条战线。现在又出现了第二条战线，这就是伟大的正义的学生运动和蒋介石反动政府之间的尖锐斗争。”毛泽东又说：“学生运动是整个人民运动的一部分。学生运动的高涨，不可避免地要促进整个人民运动的高涨。”毛泽东的高度重视必将推动这两条战线的斗争向纵深方向发展并取得必然的胜利。

“五二〇”惨案的消息迅速传遍全国各大城市，各地的大学都爆发了学生抗议运动。5月21日下午2时，上海四十多所大中学校立即召开紧急会议，成立了“上海市学生对南京惨案后援会”，准备在23、24日进行“反饥饿、反内战、反迫害”的总罢课，有七十多所大中学校参加。但此时反动派凶相毕露，从23日起开始抓捕上海法学院、交大、同济等九十多名同学。从26日开始，暨南大学突然遭到大批军警特务的包围，有八辆坦克和多支巨型水枪对着校门，数十名骑兵在宝山路巡视，学校顿时处于极度恐怖状态中，学生只能守住校门，严阵以待。不少同学如林维雁、傅春龄等都爬到学院的围墙上对军警喊话，林维雁那毫无惧色的声音尤为激烈响亮：

喂，警察先生！你们肚子饿不饿呀！
你们一家人吃得饱呀！
为什么全国有这么多人挨饿呀！
内战给你们带来什么好处呀！
我们学生和你们无冤无仇，我们都是被压迫者！
你们何必对我们虎视眈眈！
我们不该对峙！

她连珠炮似的向警察进行劝说，果然起到了效果。有的警察说：“我们并不愿意伤害你们，这是上司的命令，我们没有办法。”有的警察还特意提醒说：“要提防有人秘密逮捕你们。”

天黑了，军警宪兵撤走，便衣却布置得密密麻麻。但校内学生情绪仍然高涨，骨干忙着开会，纠察队加强放哨，歌咏队便教同学们唱歌：“路途两百米！防线有六道！试问八年抗日战争，哪一个地方守得这样牢！古怪多！古怪多！国民党的古怪多……”那天晚上郑晶莹问林维雁：“你在斗争中暴露，为了预防意外，你想不想离开?”林维雁坚定地说：“我不走，要抓就让他进来抓吧！我不怕，在校外失踪比秘密逮捕更糟，要死就死在一起，痛快！”

28 日清晨 5 时，正是黎明前的黑暗时刻，大批武装警察包围了暨南大学。特务们脸罩黑纱，只露出一双贼眼，带着黑名单逐个寝室进行逮捕，郑晶莹和林维雁同时被捕。全校共有五十多人被捕。

5月30日清晨，大批武装军警继而包围交大、同济、复旦、上医、上商等大学，逮捕大批学生运动骨干。这更加激怒了上海市各大学的师生，他们包围了市政府，各大学教授前后两次共七十六人一起发表宣言，声援被捕学生，要求无条件释放被捕学生，并赴市政府向市长吴国桢递交抗议书。市政府当局为了缓和局势放回了大部分学生，但又从被捕的数百名学生中列出五十七名所谓“共产党嫌疑分子和学潮首要分子”，其中暨大有林维雁、郑晶莹、刘春生、傅春龄等十四人，复旦有葛嫱月、孟庆远、聂崇彬、张希文等十一人，交大有于锡堃等两人，上商有吴廷珠等四人，还有其他学校多人。这五十七人又被关押在上海南市警察局蓬莱路分局拘留所，其中最引人注目的是交大的于锡堃，他自报校名和姓名，然后带领大家唱起大家熟悉的歌曲《跌倒算什么》。他用洪亮的嗓音唱着：“坐牢算什么？爬出来再前进！生要站着生，死要站着死……我们骨头硬，站起来再前进！”同学们也越唱越来劲。警察局局长在外面喊破了嗓子，叫大家肃静，大家冲着他高唱：“跌倒算什么？我们不害怕！”气得他束手无策，连连顿脚。每当拘留所外有人呼喊口号“放我们同学出来”时，大伙又放声高唱《跌倒算什么》，显示出拘留所内外学生们团结一致敢于斗争的精神。

6 月 1 日，上海市市长吴国桢在警察局局长俞叔平的陪同下来到蓬莱路分局拘留所，于锡堃带头喊口号“反对内战”、“爱国无罪”、“抗议非法逮捕，要求立即释放”，他又向市长提出抗议：“复旦张希文同学被特务打伤住进医院，你们从医院把他抓来，太不人道，我们提出严正抗议。”此时此刻，吴国桢只能听到一曲曲革命歌曲以及此起彼伏的要求无条件释放学生和反对无理由逮捕学生的抗议声。他假惺惺答应释放，复旦大学衢州籍学生聂崇彬马上追加一句：“如果吴市长不履行释放我们的诺言，我们将聘请律师提出诉讼，要求法院公开审理。”吴国桢的花言巧语失败了，只能在“反对内战”、“抗议非法逮捕，要求立即释放”的口号中悻悻然离开拘留所。只有那年轻英勇的中国大学生们“还要干到底”的口号声在牢中飞扬，飞向上海的天空，显示人民运动的伟大力量！

不屈不挠的曹园斗争

大约在 6 月的一个半夜，郑晶莹、林维雁等十四名暨大学生被送上囚车，往外地驶去。他们估计自己要被秘密枪决了，于是紧紧地拥抱在一起，几乎都能听到对方的心跳声。他们没有胆怯，也没有后悔。囚车来到上海市郊曹家墓园。此前交大、复旦、同济、大夏、光华等大学的同学们已被送到这里。因此暨大同学一下囚车，走进大门后就听到那些先到的同学们高呼着：“暨大好！暨大妙！暨大呱呱叫！”大家又高唱“团结就是力量”和“坐牢算什么？我们不害怕，放出来还要干的”。同学们握手拥抱，情绪十分激动。

曹家墓园是上海富裕家庭的私人墓地，有祠堂、假山，还有草地，相当宽广。市政府当局面对全上海各学校、被捕学生家长和社会名流学者一再掀起的营救学生的高潮，最后无可奈何，只得按中央政府的旨意，由上海市党、政、军统、中统、警局和三青团六方联合举办所谓的“上海市青年训导班”，对学生施以感化教育，将被捕学生秘密监禁在曹家墓园。实际上它是一所软禁犯人的集中营，四周安设电网，入口处设置荷枪实弹的岗哨。训导班班主任是国民政府淞沪警备司司令宣铁吾，工作人员大部分是便衣特务。作息时间和日常生活一律实行军事化管理，不准外出和对外通信，不准亲属会见，不准看《中央日报》以外的报纸和书刊，连吃饭时间都只有十分钟。

从此一场“感化”与“反感化”的斗争开始了。在暨大的十四名同学中，郑晶莹和林维雁起着带头骨干作用，她们秘密联络其他同学参加致吴国桢市长的公开信签名活动以示抗议。复旦大学学生十一人，在到达曹家墓园的第二天也由聂崇彬起草了一封给吴国桢市长的抗议信，签名方式很巧妙，采用圆圈形排列，使人分不出谁是发起者。这两封信一致向政府当局展示了中国当代大学生的大无畏精神。由聂崇彬所写的抗议信通过秘密渠道送到被捕学生的家长联合会处，并向上海报刊界透露，迫使市政府当局陷于被动的困境。

政府当局采用的感化教育方式是请来一批所谓的名流和学者来“上课”。首先是吴国桢市长，他先后两次来讲课。第二次他大讲民主政治时，聂崇彬手持早已准备好的《六法全书》责问吴市长说：“同学们反对饥饿，要求吃饱饭，犯什么罪？反对内战主张和平又犯什么罪？当局根据什么法律、哪条条文逮捕学生？按法律规定，如果我们有罪，应于逮捕48小时之内移交法院进行审判，如果无罪则应立即开释，现在既不移交法院又不开释，这符合你们提倡的民主精神吗？”聂崇彬说得有理有据，吴国桢理屈词穷。吴市长的讲话没有收到效果，而身为青年训导班班主任又是警备司司令的宣铁吾一开始就想用高压手段恐吓学生：“维持社会治安乃是兄弟的职责所在，内战是共产党挑起的，你们反对内战就到共区去反。”他话音未落，林维雁就站起来责问他：“如果内战是共产党挑起的，为什么只见国民党打延安，却不见共军打南京呢？”宣铁吾一时恼羞成怒，威胁说：“你们都是共产党，老子要一个个把你们拉出去枪毙！”他满以为这番话可以将同学们吓住，不料这时林维雁又立刻勇敢地站起来责问道：“宣司令，你说我们都是共产党，就应该把证据拿出来，如果拿不出证据，那就证明我们不是共产党，你就该立即释放我们！”林维雁的发言像一支小钢炮，打得宣司令理屈词穷，满脸怒气，最后只得自嘲说：“兄弟是军人，以服从命令为天职，委员长叫我抓，我就抓，委员长叫我放，我就放。”他的话语道破天机，原来逮捕学生是蒋委员长命令他干的。他唯恐同学们继续责问，便草草收场，来时的威风顿时被打了下去。通过课堂上这两次面对面的斗争，聂崇彬和林维雁这两位衢州籍的大学生在大家心目中成了敢于斗争和善于斗争并且有胆有识的勇士，也就此激发了大家的斗争勇气。此后大家对其他来说教的国民党的官员如潘公展、方治等干脆不予理睬，有人在下边看书，有人闭目养神或画漫画，有人画乌龟王八，还有人交头接耳地说话。

后来同学们得知张国焘和叶青要来“讲课”，大家对这两个叛徒人物特别反感，林维雁、聂崇彬、于锡堃三人找到孟庆远、张希文等一起研究对策。大家决定不纠缠什么理论，而要从政治上揭露他们的叛徒面目，使他们无地自容。方案一定下来，就由林维雁和汪汉民两人分别奔走于各校同学中进行联络，于是，一场揭穿叛徒嘴脸的战斗就打响了。叶青原是共产党员，后来却当上国民党政治大学校长，第一堂课就无耻地宣传三民主义优于共产主义，课还没讲几句，就有同学假装在腿上拍蚊子，结果大家都拍起了腿，顿时课堂秩序大乱，使叶青十分尴尬，一旁监视的特务大怒，但又无法制止。第二堂课有人递条子要叶青回答，结果条子中写着：“你过去是共产党员宣传共产主义，现在是国民党员又大讲三民主义。”他念完条子后只能是牛头不对马嘴地回答。叶青四川口音很重，当他把“国民党”念成“刮民党”时，又引起大家阵阵耻笑。林维雁笑声最响，笑的时间最长，当看到叶青无可奈何地注视着她时，她立即站起来说：“叶先生，你过去信仰共产主义，现在又说三民主义比共产主义好，我们越听越糊涂。”叶青被她揭穿了叛徒嘴脸，自觉没趣，原定讲三次的课，在最后一次课时，叶青已拂袖而去。后来张国焘讲课时，林维雁也站起来问他：“张先生，你原来信仰共产主义，现在信仰三民主义，你是有所发现吗？”另一位同学接着问：“张先生，你过去是共产党的领导人，现在怎么变成国民党员了？”你一言，他一语，弄得张国焘十分尴尬，狼狈而去。原定的第二讲也取消了。当代聪明善战的大学生们，他们能够临场发挥他们的才智，终于战胜了叛徒。从此这些企图感化他们的阴谋都失败了，同学们越来越不理睬这一套。大家轮流装病请假，课堂上稀稀拉拉，“感化课”终因无法再进行下去而取消。尽管这些管教人员也采取各种措施，要求大家记日记或找同学“谈心”等，企图摸清大家的思想动态，但同学们都仍然保持高度的警惕，绝不让他们抓到任何把柄。同学们又以乐观情绪来对待生活，天天唱着歌曲《山那边哟好地方》、《青春舞曲》、《五月的鲜花》、《茶馆小调》、《团结就是力量》等。有的同学建议召开文艺晚会，得到大家的支持，晚会上大家唱歌、跳舞、朗诵，场面很热闹。看守一开始很紧张，严加戒备，后来他们看得入神，倒也不加以干涉。大家唱了不少进步歌曲，显示爱国的青年学生追求光明、追求民主的精神，使特务们自始至终达不到“感化”他们的目的。

园内“反感化”斗争节节胜利，而园外中共上海地下党组织的营救工作也步步深入，同学们看到了胜利的希望。大家纷纷购买纪念册，互相题词留念。例如林维雁在姚易军同学的纪念册上题词：

两只腿站着总比四脚爬要……该填什么呢？易军兄

暨大林维雁于曹园

七·四

这表明她宁愿站着死，不求爬着生。

此外她又写下一首诗送给“八妹”，即上海商学院的吴廷珠。在曹家墓园，十位女同学已结成姐妹般的深厚情谊，林维雁排行第六，吴廷珠排行第八，故有“六姐”、“八妹”之称，诗文如下：

碧绿平静的西子湖，
孕育了一位温柔甜蜜的姑娘。
是从深潭的月影中，
你找到了她的温柔；
是从苏小小的微笑里，
你赢得了她的甜蜜。
啊！没有刺的玫瑰，
警惕那千唾百弃的铁像在复活。

如诗似画的西子湖，
孕育了一位坚定纯洁的姑娘。

是从灵隐的白雪中，
你获得了她的纯洁；
是从孤山的寒梅中，
你悟到了她的坚定。
啊！皎洁光彩的明珠，
相信你的归宿不会在宫廷上。

为八妹写，六姐维雁
七·六

这首诗以崇高的革命情怀表达了对“八妹”的热爱，坚信她会成为有着皎洁光彩的明珠般的女孩。其实“八妹”已是一个共产党员，也许维雁已有所感悟，才写出这样的诗句。这是她短暂的一生中第三次赞美和敬仰追求革命和进步的女共产党员。同时她也确认，曹家墓园“反感化”斗争的胜利是中共地下党组织正确领导的结果。

实际情况确实如此。复旦的鲍静佩、葛嫱月，上商的吴廷珠，光华的诸蘅，她们住在同一个房间，5 月 30 日晚上，她们之间第一次互相介绍自己时都有意无意地透露了自己的党员身份，很快研究出一致的口径来对付审讯。心有灵犀一点通，她们始终保持了超出一般难友的同志关系，既不违背党内不得横向联系的纪律原则，又很快形成一个没有组织形式的特殊党小组，团结各校的学生运动骨干如孟庆远、张希文、聂崇彬、林维雁等，利用晚间有限的自由时间，在宿舍内团结战友，一起分析形势，商量对策，开展各项工作。此外还有暨大的中共党员郑晶莹，虽然她的组织关系并不在上海市，却能自觉地紧跟革命形势，认真且敏锐地带领暨大同学们在“五二〇”运动中活动。她在曹园斗争中也是如此。总之十九名共产党员都在曹园的斗争中发挥了重要的作用。反动派妄想在曹园诱降被捕学生，并顺藤摸瓜突破缺口，一网打尽中共上海地下党。尽管他们在曹园中使用各种探秘威胁的手段，但仍然一无所获，狱中十九名共产党员和他们所属的狱外党组织均完好无损。有些学生运动骨干如孟庆远、张希文、林维雁、聂崇彬、傅春龄等，受狱中党员的影响，一心向往参加共产党或到解放区参加革命。后来，他们都实现了自己的心愿。政府的训导班和监狱反而变成了培养共产党员的预备学校。

此后在中共上海地下党坚强有力的领导下，并经过家长和社会各界据理力争，上海市政府当局不得不分批释放被囚于曹园的五十七位学生。郑晶莹在8月先被保释放出，离开上海。临行前，郑晶莹对林维雁说，如在家乡住不下去，可到台湾来，她一定帮维雁找到梦寐以求的宝贝（党的代号）。林维雁后来由方光焘教授保释出狱。

林维雁出狱后，中学时代的好友丁端将她接到杭州住了几天。丁端悄悄问她：“你到底是民盟成员还是共产党员？”她似有愧色地说：“都不是。”但她又昂起头，深情而又坚定地说：“我要参加共产党。”因为在三年多的一系列学生运动中，她已认清了蒋介石反共反民主、实行独裁专制的反动本质，人民深受痛苦，学生深受压迫，只有在掌握科学的马列主义并为人民利益艰苦奋斗数十年的中国共产党的领导下才能取得中国革命的胜利。

八　青春似火，血洒黎明

在江山县加入共产党

1947 年 8 月底林维雁回到衢州城，父亲已替她找到工作。她没有回到樟潭镇去看望母亲，也没有去见妹妹，而是直接来到江山中学，担任初中语文教员一职。

在江山中学，她开始感到彷徨苦闷。经过狱中那一段时光的熏陶，她多么向往到解放区参加革命工作。可是，担任中学教员，似乎只是为了温饱。这绝不是她的理想和愿望。同校教员程正返和她的丈夫江文焕都是林维雁中学时期的同学。他们也是学生运动积极分子，也一心向往解放区。于是三人商定，积攒路费，同去解放区投身革命。不久林维雁的暨大同学高展从福建浦城来到江山中学找她。高展曾在暨大经济系读书，也是学生运动的中坚人物，在“五二〇”运动中曾被推选为赴南京请愿的五名暨大谈判代表之一。七月他接到党的通知，回福建待命，后参加福州城工部工作，即由中共闽浙赣边区（省）党委城工部派往闽浙边区地委负责城市地下党员活动。他耐心地启发教育林维雁、程正返、江文焕三人，指出“到解放区去是闹革命，留在国民党统治区开辟第二战线也是闹革命。在江山这个地区，党最需要有人在此扎根，虽然危险是很大，但对革命来说就更有意义了”。

三人接受了高展的意见，决心留在这“三毛一戴”（指毛人凤、毛森、毛万里和戴笠）的特务老巢，在浙江省衢州地区江山县开展地下活动。1947 年 11 月，经高展介绍，林维雁加入了中国共产党。不久中共闽浙赣边区（省）党委城工部所属江山县中支部成立，江文焕担任书记，林维雁担任副书记。林维雁成为一个共产党员的愿望终于实现了。他们决心以学校为战场，为共产主义的崇高事业而奋斗终生。为了更快地提高自己的革命理论水平以指导革命实践，林维雁如饥似渴地阅读凡是能得到的共产主义书籍，如《联共党史》、《论联合政府》、《论共产党员的修养》和《整风文献》等。

林维雁又利用语文教员这个合法的身份，积极向学生传播革命思想。她结合自己参加进步学生运动的经历和遭遇，揭露国民党反动派的腐败和残暴，以及血腥镇压学生运动的罪行。她试图通过这些教育，激发学生的正义感和爱国心，启发、引导学生向往“新中国”。结合作文课，她让学生以“梦游新中国”为题来写作文。这个新颖的题目不但在初中部引起强烈的反响，就连高中部学生也纷纷以此为题写文章、出墙报、召开讨论大会，大大地提高了学生们的思想觉悟。

在课余时间，林维雁又是一个文娱活动积极分子，经常活跃在师生之间，以便更好、更快地发现和培养积极分子。例如她教学生唱《古怪歌》、《茶馆小调》、《王大娘钉缸》等嘲讽政府的歌曲。她又积极地教唱革命歌曲，以促使学生明确前进的方向和斗争的方法。

你是灯塔

你是灯塔，照耀着黎明前的海洋。
你是舵手，掌握着航行的方向。
伟大的中国共产党，你就是核心，你就是方向。
我们永远跟着您走，人类一定解放。
我们永远跟着您走，人类一定解放。

团结就是力量

团结就是力量，团结就是力量。
这力量是铁，这力量是钢，比铁还硬，比钢还强！
向着法西斯蒂开火，让一切不民主的制度死亡。
向着太阳，向着自由，向着新中国发出万丈光芒！

她教的这些歌曲让学生认清形势，树立国民党必败、共产党必胜的信念，以便发现和培养积极的进步师生。

此时支部书记江文焕虽有肺病缠身，但仍担任高中部英文教员一职。他利用英文课文《解放黑奴宣言》和《被打的校长》启发学生要敢于坚持真理，争取民主、自由，反抗强权暴政，并提出“不自由，毋宁死”的口号。他指导学生阅读《展望》、《观察》，高尔基的《母亲》，鲁迅的《狂人日记》以及毛泽东的《论联合政府》，在江山中学发展两名老师和四名学生入党，成立了党小组。他也深知，在特务到处横行的军统老巢江山县，必须利用当时的一些上层人物作掩护。他谨慎而又大胆地开展统战工作，并取得一定成效，发展了曾在大革命时期参加过共产党、时任江山县律师公会主席的何炯，通过他收集有关情报，掩护来往江山县的地下党领导，领导多次住在他家均安然无恙。江文焕又结识了江山县参议会副议长何汉章，他历来主张国共合作，对共产党颇有好感，并发展其子何芝青、女婿毛熊祥为中共党员。何汉章在江文焕的帮助和儿女的影响下，为革命做了许多有益的工作，在白色恐怖最紧张的时候，上级党组织负责人高展就隐藏在他家。

光阴如箭，一个学期的建党工作小有成效，而林维雁所提出的“梦游新中国”的命题也震动了校园，影响很大，引起了校长郑中奎的怀疑和不满。校方出于谨慎，劝她在该学期结束时离开学校，最终她没有得到留任的聘书。组织上也曾考虑过，将她留在靠近党的秘密领导机关闽浙边区地委。但由于当时找个工作确实不容易，又缺乏正规职业的掩护，林维雁只得考虑回到家乡樟潭镇继续活动。

积极发展党员

1948年1月寒假，维雁回到衢县樟潭镇下埠，终于与分别多年的母亲和妹妹团聚，可以在家过上一个多年未曾团聚的除夕夜。她向妹妹谈起上海学生运动的情况，并一连几天教她唱许多在上海学生运动中流行的进步歌曲。妹妹对她说："你在上海被捕坐牢早已轰动樟潭镇，我在学校或上街时总有熟人或根本不认识的陌生人来找我，打听你的消息。有一天一个素不相识的炸油条的老板娘，一把抓我到小摊上，惊

讶地对我说：'你姐姐是黑名单上第一名，是共产党吧！'连妈妈都被怀疑了，大家都为你担忧着！你为什么不去解放区？难道你不知道，你回来多么危险？"此时维雁听了幽默地说："没想到我还那么有名气，真是荣幸！荣幸！"接着她又说："确实有同学去解放区，我何尝不想去？但这儿搞运动也需要人啊，革命总有危险，坐牢怕什么！"几天后暨南大学发来开除学籍的通知书，维雁很气愤，对着桌子上的通知书猛击一拳，不禁流下眼泪，沉思片刻后，又低声咏唱《你是灯塔》，来表达

自己跟着共产党革命到底的决心。她发函到浦城陈进（高展的化名）处寻求帮助，但他也不能安排工作。维雁只能等待父亲回家再商议。父亲回家得知女儿面对失业和失学的双重困难，他和母亲都没有丝毫的埋怨和责问，因为他们都理解和信任自己的女儿，一切都在不言之中，只是讨论如何找到适宜的工作，觉得到县中执教是唯一可行之路，如章作人教务主任能热心帮助，希望还是颇大的。后来在章作人和父亲的努力下，1948 年 2 月，维雁来到县中教语文和英文，又任女生宿舍指导员。她住在女生宿舍一间八平方米的小房间。这间宿舍由一个粮仓改建而成，后门有一条小路直通城墙边的菜园地，此后这里成为中共闽浙赣边区（省）党委城工部所属江山县中支部之党员林维雁所任公开职业的住处。

林维雁就利用这样的工作职务和环境来掩护自己，并在衢县各学校开展地下工作。她首先对衢县城内外五所学校包括县立中学、县立简师、省立衢师、省立衢中、雨农中学进行一些调研和分析。她认为省立衢师最适宜首先开展工作，该学校离她的住处很近，学生年龄较大，师范生家境贫寒的较多，适宜发展成党员。但这个小城早已是国民党衢州绥靖公署所在地，城内驻有众多的军警特务机关。维雁毫不畏惧，巧妙地奔走于城内各学校，来往于老师、同学之间，与同学或同事秘密交谈，积极进行党员的发展工作，以炽烈的热情和优秀的组织才干，取得了零的突破。

她首先在省立衢师结识了该校老师李子珍。李子珍是龙游县溪口镇人，1947年年底毕业于浙江大学师范学院，在校期间曾积极参加“五二〇”运动，当暨大傅春龄等同学被捕的消息传到杭州时，她曾发信慰问暨大被捕同学。因此林维雁在省立衢师结识李子珍时，她俩很快达成思想上的共识。维雁告诉她，衢州已有中共地下党。从此李子珍就通过读书会和歌咏活动等对学生进行革命教育，培养了几个进步骨干。后来李子珍由林维雁介绍入党。1948年10月中共闽浙赣边区（省）党委城工部衢州中心支部成立，李子珍被选为组织委员，并组织成立党小组，其在省立衢师培养的学生都成为党小组成员，组长为许希凤，党员有毛以成、吕万海、王友玉、虞韶年、崔经琦等人。日常工作由副书记林维雁和组织委员李子珍负责，分派组员承担了不同的地下工作任务，如派吕万海协助高寿华支委的各项任务，派毛以成到金华执行送情报和筹集枪支的任务等。

1948年春，聂崇彬从上海潜回家乡，在江山会见了林维雁。曹家墓园战友重逢，倍感亲切。两人坦诚相谈，得知聂崇彬准备奔赴解放区后，维雁劝他留在家乡参加共产党。维雁又向城工部领导人高展汇报了聂崇彬的情况。高展当时考虑常山地区开展革命活动的有利因素很多，应在该地开展工作。经维雁介绍，高展去常山找聂崇彬谈话，聂崇彬表示愿意加入城工部组织，并向高展介绍了两个曾在抗战时期入党、后又失去组织关系的老共产党员邹鼎山和鲍云鹄，转达了他们迫切希望找到组织的心情。此后聂崇彬经林维雁介绍成为城工部在常山县的第一名党员，并在当地发展组织。在此期间，聂崇彬又奉命回到上海。5 月的一天，他在上海实验民众学校找到傅春龄，在战友久别重逢举杯共饮时，聂崇彬悄悄地告诉傅春龄：衢州已有地下党组织，但龙游县还是空白点，组织上希望他回老家进行建党工作。当时傅春龄已与上海地下党取得联系，党组织计划安排他到苏北解放区工作。他听了聂崇彬传达的衢州地区党组织的意见后，决定不去苏北，准备暑假回老家去活动。7 月后，聂崇彬先后介绍邹鼎山、鲍云鹄重新入党。8 月，城工部党员卓青（化名卢受训）来常山地区开展工作，住在聂崇彬家。聂崇彬和邹鼎山向他详细介绍了常山、开化两县的有关情况，一起进行分析，认为开化县地处山区，有开展武装斗争的优越条件，立即派邹鼎山去开化县华埠与鲍云鹄联系。鲍云鹄当时任华埠小学校长，所以鲍云鹄安排卓青去华埠小学，以任教为由掩护领导当地革命斗争。不久，卓青奉命调去金华工作，林维雁又在 8 月派党员徐山（又名凌齐安）去接替卓青的教员职位，以负责聂崇彬与她之间的联络。9 月底，聂崇彬奉命去上海秘密购买无线电台，临行前，他向邹鼎山表示：这次去上海如能买到，就立即返回；如办不成又有机会去解放区的话，领导已同意他去解放区，以后常山县党组织就由林维雁领导。聂崇彬到上海后未能买到无线电台，于 10 月去了华北解放区，在张家口任《察哈尔日报》国际版编辑。此后常山地区就由林维雁领导，并继续发展了丁慈、郑士魁等党员，于是常山县共有共产党员十二人。

1948 年 5 月，上海新闻专科学校学生会副主席徐鉴泉回家乡遂昌县，途经衢州见到维雁。两人在初中时为同学，又有一起参加“五二〇”运动的经历，维雁积极启发，并介绍他参加了共产党，派他回家乡遂昌县，发展了党员方祥烈，准备筹建游击队。徐鉴泉早年曾参加新四军，具有筹建游击队的经验。此后徐鉴泉来往于衢州、龙游、遂昌之间，筹集枪支、粮食，组建游击队，并配合解放军做了许多工作。

维雁深知，为了更好地开展地下斗争，需要有人打入敌人内部。她在 1948 年春了解到衢县民政科户籍室主任高寿华为人正直，不与当权者同流合污。经她多次考察和密谈，在 1948 年夏吸收他入党。10 月，衢州中心支部成立，高寿华被选为负责宣传与交通联络的支部委员。高寿华忘我工作，担负着越来越重的联络和秘密印刷任务。12 月底中心支部又派党员吕万海去做他的助手，安排吕打入峥嵘镇公所做户籍员为掩护。他们利用夜深人静，大量翻印《新民主主义论》、《论联合政府》、《中国土地法大纲》等，通过各种渠道送出去，向广大人民宣传了党的主张和政策，像黑夜中的火花，点燃了革命的火焰。由于革命形势的发展，上级之间的往来增多，为使同志们安全出入衢州，高寿华安排吕万海设法搞出五张峥嵘镇的“国民身份证”，来保障地下党员来往活动的安全。

1948 年夏，高展和林维雁又迅速发展了暨南大学本校校友王多祥和刘信善加入地下党，他们分别在省立衢中和雨农中学当老师，并将王多祥新婚的住处、衢州首富之家童家巷3号作为地下党支部召开会议的场所。

王多祥也是暨南大学的学生，在“五二〇”运动中，由始至终站在斗争的前沿，在“反饥饿、反内战、反迫害”的大游行中他都在校宣传车上紧张勇敢地工作着，刻蜡版、印快报速度极快，又忙着下车散发传单，将游行沿途情况及传单口号迅速传播给市民。当警察们采用各种手段阻挠宣传车前进时，王多祥奋力反抗，坚持不下车，继续跟着游行队伍前进。可以这样评价，王多祥是暨大“东南民主的堡垒”中搞宣传的勇将，斗争的洗礼使王多祥的思想更趋成熟，他也一心向往革命，向往着解放区。现在他又战斗在国民党衢州绥靖公署所在地，老百姓中早已流传着“便衣特务处处有，宪兵警察满街走”的顺口溜。王多祥牢记中学时的格言：“有了信念，生死以之。”在他的心目中，“信念”二字就是彻底消灭国民党反动派，建设新中国。他处事细心，考虑周详，敢于挑重担。10月下旬一个平常的下午，王多祥家中陆续来了七八位客人。在客厅里由王多祥的妻子和一位邻居作陪，客人们在这里轮流打麻将。看上去，在卧室里，王多祥是在陪客人聊天，实际上他们在卧室里举行了中共闽浙赣边区（省）党委城工部衢州中心支部成立会议，王多祥被选为负责宣传的支委。

1948年春，正在杭州艺专学习的张云舞，接到在衢师任教的李子珍的邀请来到衢州城。林维雁即请他、李子珍和徐鉴泉到聚丰园饭店吃饭，共商以“龙邱学会”（合法组织）的名义到龙游县开办“中学生假期补习学校”之事，并确定了工作计划。暑假林维雁、李子珍、徐鉴泉三人到龙游与张云舞、傅春龄一起，招收学员一百多人。补习学校开办得十分活跃，充满了新时代的气息，既传播了革命思想又进行了秘密的建党活动。10 月份即由林维雁、李子珍介绍张云舞和傅春龄入党。

1948 年暑假，林维雁见到初中时候的同学郑南轩。郑南轩是上海法学院学生，在“五二〇”运动中表现积极，下定决心要为新中国的成立而奋斗。当他把自己对时局的看法和对共产党的认识都说出来后，林维雁立即决定吸收他入党。因可利用他家开油行的有利条件承担秘密接待、掩护等工作，组织上安排他放弃了只差半年的大学学业，在险恶的环境里秘密接待上级领导和外地党员多人。

1948年10月，为了进一步开展工作，上级党组织又派江文焕回到衢县并成立了衢州中心支部。江文焕任书记，林维雁任副书记，不仅领导衢县党组织的工作，也领导江山、龙游、遂昌、开化和常山县党组织的工作，大约共有党员三十人。中心支部有两个秘密印刷点，大量翻印毛泽东著作和党中央各种文件，通过秘密渠道传播。维雁还安排党员通过关系从上海购得一台收音机，准备收听新华社广播，出版快报，及时传播党中央的信息。收音机送到后，她又顾全大局，把它送给正在江山组织游击队的上级党领导人高展，那里更需要收音机。同时她又带头献出一只金戒指，其他几个党员也跟着献出资金，筹备另行购买一台。

在中心支部成立的会议上，林维雁被选为武装委员会主任，并制定了夺取存放在雨农中学的枪支和策反衢县大头乡地主武装的方案，分派党员进行工作。后来上级党组织制定了建立浦（城）衢（县）江（山）游击支队的计划，中心支部决定由江文焕到九华山发动纸槽工人组织游击队，林维雁留在城里负责全面工作。

此后林维雁仍然十分重视组建游击队的工作，在她被捕前（1949年1月）就做了适当的安排。她派吴昭到常山，嘱其进行农村调查，借机筹集枪支，并派毛以成在寒假时返回其家乡江山仕阳乡，调查该乡自卫队成员，策划夺取枪支。

1949 年 1 月，她又指示在南京总统府文官处人事室任雇员的党员丁慈立即返浙，接受任务。但丁慈回到衢州时，因林维雁已被捕，未能与组织接上关系，只能回家待命。

在做好衢州地区工作以外，在 10 月初一个周末的下午，林维雁一人坐火车到金华，与正在金华地区开展建党工作的卓青同志联系，次日下午又即刻坐火车返回衢州，回到县中宿舍。星期一校长郑宗瑞就找到维雁父亲追问维雁坐火车向北行驶到哪儿去了，父亲机智地回答校长说："坐火车回樟潭镇看母亲去了。"父亲当天就将郑宗瑞追问一事告诉了维雁，并提醒维雁，今后一定要当心，注意安全。显然，这是一个信号，敌人一贯采用邮检跟踪的凶恶手段已经到来。维雁并不惧怕，只是提高警惕来对付敌人。

实际上早在 1948 年初，衢州绥靖公署第二处（情报处）早已开始严密控制邮政检查。1948 年秋，情报处就从邮政信件中发现林维雁来往信件多，信中有明显的反政府言论，随即将林维雁作为"共党嫌疑分子"设立专案组，并命令情报处特务王震少校组织数名特工进行跟踪等一系列侦查活动。但这一切没有吓倒维雁，她不惧怕，更加顽强地努力工作，早已把自己的生命置之度外。有一天她对妹妹说："革命总是有危险的，我已随时做好了思想准备，为革命献出自己的生命。若我死了，你要坚强，要负担起照顾父母的责任。时间不会太久，中国革命就要胜利了，那个时候更需要建设人才。你是学理科的，将来有机会可去北大读书，那儿是中国民主的摇篮。你会成长起来，努力学习，建设一个崭新的新中国吧！”

此后王震等特务经过一段时间的侦查，在毫无证据的情况下就报请上级核准侦查和逮捕的密令，并开始执行，但上级又规定要在学校外执行，以免引起学生的抗议而引来麻烦。

1949 年 1 月 23 日上午特务们就开始跟踪。下午 2 时，林维雁和江文焕走上西安门浮桥开往樟潭的交通船。正当开船之际，早已埋伏好的王震率领特务多人登船检查，当场从他们携带的网篮内搜去党的文件、传单及一本《联共（布）党史简明教程》。由于情况突变，夹在书内的一纸支委名单也来不及销毁而落到敌人手中，于是王震在逮捕林维雁的同时将江文焕也逮捕了。他们被关押在衢县警察局刑警牢房，在衢州绥靖公署军法处监狱进行审讯。此后依据支委名单，有四位支委在 3 月 16 日也被抓获。他们是王多祥、李子珍、郑南轩、高寿华，也被同牢关押受审。但革命的火焰是扑不灭的，衢州中心支部的党员们都经受住了严峻考验，他们没有后退，仍将继续战斗下去。

在衢师有一个年轻的学生党小组。此时学校内沸沸扬扬地传言，学校中已有同学被列入黑名单了。面对这即将袭来的白色恐怖，党小组成员许希凤、毛以成、王友玉更加坚定“一定要战斗到底”的信念，并立即决定迅速到外地组建游击队。4 月 17 日恰逢开化籍地下党员郑士魁奉命从南京返回衢州，他们一起研究后决定，快速离开学校到外地组建游击队。于是18日毛以成一人由衢州赴江西联系怀玉山游击队，郑士魁、许希凤和王友玉三人立即离开衢州到达开化，并立即联系上丁慈。19日，一支由许希凤负责宣传动员、郑士魁负责军事、丁慈负责枪支的游击队开始组建。经过他们反复研究，选择了开化县夏川村后山高坡上一个可以容纳约两百人的矿洞作为根据地。他们白天在洞内进行军事训练，培养骨干战士；夜间到附近四个乡镇缴集枪支弹药。他们的工作得到各村人民群众积极拥护，村民们踊跃报名参加游击队，至4月中旬已有战士一百人，骨干十多人。4月23日，解放军占领南京，喜讯传来，人心振奋，游击战士斗志高昂。这是方志敏烈士曾经战斗过的地方，各乡人声鼎沸，高举着火把，自备长枪短炮，棍棒竹矛，并有几门土炮，集合了约三百人，猛烈进攻金村镇之伪警察局，捉获到国民党武装警察四十多人。5月4日，游击队开进开化城，迎接解放军。这是一个晴朗的傍晚，夕阳的余晖染得漫山遍野一片金黄，解放军战士与游击队员并肩前进，在一阵凯歌声中开进开化城。维雁心中的愿望终于在许多中共地下党员的努力下圆满地实现了。

铮铮铁骨 壮烈牺牲

林维雁和江文焕被捕后就被特务严刑审讯。他们妄想从林维雁身上打开缺口，把衢州地区中共组织一网打尽。

林维雁面无惧色，义正词严地回答特务们的审讯：

问：你在上海带头闹学潮，被学校开除了吧？

答：是，那又怎么样！我是参加“反内战、反饥饿”游行的。学校开除我，是无理的。

问：你给学生出了作文题，叫什么“梦游新中国”？

答：国民政府祸国殃民，老百姓怨声载道。我们盼望有一个人人都能安居乐业的新中国。

特务们满以为这样一个孱弱女子容易对付，只要稍加威胁，她就会乖乖地供出党员名单。他们没想到维雁神色自若，守口如瓶。特务们恼羞成怒，挥起皮鞭狠狠抽打她，鲜血从她身上流出，剧烈的疼痛让她昏倒在地。特务们用冷水把她浇醒，又捆住她的一个拇指和一个脚趾，将她吊在梁上，这样折磨数小时后，维雁仍只有一句话：“要我做叛徒，休想！”

维雁连续被提审，特务们对她先后施用“老虎凳”、“山上吊”、“灌辣椒水”和用烧红的铁丝穿刺乳头等酷刑。维雁对上级党组织领导人的姓名、地址和党在江山、金华的秘密联络点以及衢州地区各县党组织情况了如指掌，但她始终坚贞不屈，不吐露党的情况，用自己的生命保护了党组织和广大党员。她每次受刑回来都奄奄一息，但她还是热忱地关心他人，甚至将严刑和折磨引向自己，为他人减少一点痛苦。

3月16日以后李子珍、王多祥、郑南轩和高寿华也被关押，身受重刑。他们面对敌人的淫威，大义凛然，英勇不屈，敌人经过多次审讯，仍然得不到他们想要的任何情报。对于高寿华，凶恶的敌人把他看作吃里爬外的通敌分子，对着他咆哮“不开口就活活打死你”。高寿华挺直身躯接受各种酷刑，全身伤痕累累，剧痛钻心，但他始终没有低头屈膝，仍然拒不开口，保持了一个共产党员的气节。

不久敌人将林维雁等改押在衢县地方法院监狱。在这里，同牢的难友常听到维雁唱《国际歌》和《解放区的天》，大家也跟着唱，这些歌曲鼓舞着难友们去团结起来到明天，向往着明朗的解放区。她藏着一支铅笔，用卫生纸写传单，向难友们传递胜利的消息。一张“北平解放”的小字条，曾从一个牢房传向又一个牢房（注：维雁二舅方正荣和一位罗樟源山区的朋友到县城找到牢狱里的一个狱卒，利用银元打通关系，传出纸条数次，是用卫生纸和铅笔写的）。

1949 年 4 月，隆隆的春雷声一阵接一阵，国民党反动派已是兵败如山倒，人民解放军即将横渡长江。从看押的士兵及狱卒们的窃窃私语和惶惶不可终日的举动中，不难看出，他们已感到末日将临。维雁清醒地意识到，他们是不会放过共产党人的，但她早把生命置之度外。她从狱中送出一张小字条给父母，上边写着：“请双亲不要为我难过，譬如没有养我这女儿。”又要求父亲将她过去写的一首题为“等待”的诗稿找出来，交给她的挚友聂崇彬，这首诗的第一段和最末段如下：

等待！等待！

当马蹄嵌着冰块，
亲切得如同自家骨肉一样的行列。
经过时，我要等待！

等待！等待！
黎明即将到来，
亲爱的朋友，
你可知道，我要等待什么？

在诗中，她还饱含深情，鼓励人们去等待黎明的到来，而丝毫不畏惧自己即将在黎明前夕被杀害的命运，把一腔热血洒向黎明。

京沪杭警备总司令汤恩伯签署了秘密处决林维雁等共产党员的命令。4 月中旬的一个深夜，在特务们的监督下，驻

衢第九编司令部警卫营一个排的士兵将林维雁等六人押到衢州东门外荒野，将他们赶进事先挖好的坑内。刽子手先用刺刀将他们捅翻，再用土活埋。我党的优秀女儿林维雁壮烈牺牲，年仅25岁。同时遇难的还有江文焕、李子珍、王多祥、郑南轩、高寿华五位烈士。

千里跋涉　迎接解放军

组建开化游击队期间，组织曾决定先由毛以成一人承担到怀玉山联系朱农游击队的任务。毛以成和他弟弟的同学们，晓行夜宿，不知翻越多少山岭，穿过多少溪水，步行五天，找到朱农游击队。但朱农要求毛以成回开化县，找到许希凤再一起来，他又得重复原路返回开化县。4月3日毛以成和许希凤一起跋山涉水，去完成创建开化与怀玉山两地联成一线的游击走廊这个光荣而艰难的任务。此后他们跋山涉水，闯过一条条封锁线以及无法想到的各种困难和阻挠，千里跋涉，心中只想迎接游击队救出狱中战友。他们一次又一次不懈努力，心中万分焦急，但总是事与愿违，找了五次都没有找到朱农游击队。在那“进”与“退”都两难的关键时刻，想不到革命形势进展得如此迅速，最后在5月4日只有毛以成一人遇到了日夜思念的人民解放军大部队——16军47师139团。他心情愉悦，雄赳赳、气昂昂地跟着解放军前进。当天早晨大部队就解放了开化华埠，他又与当地党组织一起成立支前办公室，为解放军筹集军粮和军需物资。

接着浩浩荡荡的解放军大部队到达常山县城，县长吓慌了神，早已从南门逃跑了，解放军未放一枪便进入县城。夜幕来临，解放军全部露宿街头，丝毫不惊动老百姓，真是人民的好子弟兵。139 团大部队继续前进，终于在 5 月 6 日解放衢州城。

那一天，衢州城市民、工人、学生、教员一起涌上街头，敲锣打鼓，欢呼革命的胜利，用从内心迸发出来的声音迎接那“亲切得如同自家骨肉一样的行列”。歌声、笑声、掌声不停地飘扬在三衢大地。人们记得，早在唐代，诗人白居易就在《轻肥》一诗中痛斥高官、内臣饱食山珍海味，叹息那曾经发生的“是岁江南旱，衢州人食人”的悲惨历史。如今衢州解放了，这两千年来“人食人”的封建主义枷锁被彻底打碎，这真是翻天覆地的大解放。此时，红旗飘飘，歌声嘹亮，群情激昂，欢呼衢州的新生：一个和谐的、富饶的、人人都能安居乐业的新衢州就要诞生了。众多牺牲在衢州大地上的革命烈士们，一定会含笑于九泉下，共庆人民解放事业的伟大胜利。

人民的传颂

新中国成立后，衢州地区人民政府授予林维雁等六人“六烈士”的称号。但在“文革”的十年中，“四人帮”一伙颠倒黑白，把为革命出生入死、牺牲宝贵生命的六烈士诬陷为“叛徒”和“变节分子”。直到党的十一届三中全会后，党中央通过了《关于建国以来党的若干历史问题的决议》(以下称《决议》),衢州地区市县党委贯彻落实《决议》的精神,对衢州地下党进行了认真细致、实事求是的复查核实后,推倒了一切强加于烈士的污蔑不实之词,恢复了“六烈士”的称号,并在1983年6月1日由民政部批准追认为“革命烈士”。

傅春龄代表地下党的战友们这样评价六烈士:

“他们均为革命的知识分子。他们学有所得,风华正茂,不愁衣食。有的新婚燕尔家庭美满,却在黎明前的黑夜中投身革命洪流,自己掏腰包闹革命。因为他们认识到一个真谛:‘当一个正确的理论被人们掌握以后,就会转化为巨大的精神力量。’他们认识到只有推翻三座大山:帝国主义、封建主义和官僚资本主义,才能拯救中国人民。因而他们勇往直前,义无反顾,坚贞不屈地为革命理想献出年轻的生命,生得坚强,死得壮烈。”

林维雁的同学张云舞也说:

“我们每一位幸存的老同学永远怀念他们,衢州人民也永远不会忘记他们。祖国更寄希望于下一代。我们要永记屈辱苦难的昨天,珍惜幸福美好的今天,以豪迈的胸怀去开创光辉灿烂的明天。”

革命烈士永垂不朽

衢州六烈士
刘海粟题
江文焕、林维雁、李子珍、王多祥、郑南轩、高寿年是中国共产党闽浙赣区（省）委城工部衢州中心支部领导成员。一九四九年一月二十三日和三月十六日先后遭国民党衢州绥靖公署逮捕，备受酷刑，坚贞不屈，同年四月英勇就义。
六烈士永垂不朽
六烈士简介

革命烈士纪念碑
中国共产党的诞生
起了人民的觉醒，在半个多
世纪风起云涌的革命斗争
为反抗内外敌人 建立新
国，无数革命先烈在衢州
地洒下了热血，在历次革
斗争中为国为民捐躯的革
烈士永垂不朽。
中华人民共和国成立
来，为保卫国家和人民的
全，为社会主义革命和社会
主义建设英勇献身的革命烈
士永垂不朽。
中共衢州市委员会

虽然六烈士的骸骨至今不知埋在何处，衢州地区人民政府依旧在衢州府山烈士纪念塔后座为六烈士修建了六块石刻碑文，记载了他们的生平和革命事迹，又在浙江省革命烈士纪念馆陈列他们的手札的遗物。这一切承载的历史意义是深远的，在岁月的长河中，人民将继续传颂他们敢在敌人的心脏中拼杀、“明知山有虎，偏向虎山行”的大无畏精神和他们甘愿为新中国的诞生而抛头颅洒热血的英雄气概，他们的英名将光照千秋。每个节假日都有人民群众尤其是青少年来凭吊，表达他们对烈士们的缅怀和敬仰，我们要学习烈士们的爱国情怀和革命精神，认真学习，努力工作，实现自己的梦想，从而为民族复兴、国家强大、人民幸福的“中国梦”的实现做出贡献！

九　战友的怀念

缅怀林维雁烈士

张云舞

岁月匆匆，已是衢州解放四十二周年，又激起我对新中国成立前夕壮烈献身的林维雁烈士的深情怀念。

抗日战争初期，年仅十三岁的林维雁就考进衢州中学，与我同班。当时因日寇飞机疯狂轰炸衢州城，学校迁到石梁静岩一带，借用祠堂寺庙当校舍，学生生活颇为艰苦，但抗日救亡气氛甚浓，村庄田野间经常可听到学生激昂的抗战歌声。林维雁穿一身旧学生服，短鬓布鞋，戴近视眼镜，十分简朴。她酷爱文艺，勤奋好学，学业优良，为人热情，富有正义感。曾有个男生对女同学调皮取闹，只有她敢于站出来对该男生严肃批评，在她的影响下，男女同学之间的隔阂逐渐消除，增进了友谊。全班一起唱抗战歌，毕业前还举行班级文艺晚会。

1942 年秋我们初中同班同学中有十六人考进本校高中，在静岩重聚，甚感难得，为此还合影留念。林维雁谈起父亲教育她不要成为“龙灯头”，担心她闯祸。她父亲是一位中学教师，为人谨慎，而她性格豪爽，学校举办辩论比赛她经常作为代表参赛；高中部学生发动对训育处主任杨筠青的反抗行动，她也积极参加。1944 年秋她与叶味真以同等学力考入暨南大学。在党的影响下，她懂得了只有共产党才能救中国。

1946 年秋，暨大迁回上海，她更是热情奔放，向往人民解放事业，奋不顾身地投身到轰轰烈烈的学生爱国运动中。1947 年 1 月，在抗议美军强奸北大女学生沈崇暴行的学生运动的头一天，她就义愤填膺地爬到校园围墙上向群众发表慷慨激昂的抗暴宣言。上海大专学生开展“反饥饿、反内战、反迫害”的示威游行时，她主动担任大队纠察员，沿途与军警进行说理斗争，终于冲垮反动派种种威胁利诱，锻炼得更加坚强。经各界声援和地下党的营救，被捕学生获释，而她却被迫离开学校。

她怀着对故乡的深情厚爱，回到衢州开始新的生活，受聘于江山中学任语文教师、班主任兼女生指导老师。她以极大的热情生活在学生之中，引导学生思考祖国的未来，由于按捺不住胸中的激情，她给学生出了个“梦游新中国”的作文题目，引起校内外极大震动，校方出于谨慎，劝她学期结束后离开江山中学。而她正好已于11月间加入党的闽浙赣边区（省）党委城工部组织，并任江山中学副支部书记，后来她承担着党的使命，转到衢县中学任教。

1948年春，我当时在杭州国立艺专求学，接到在衢州任教的李子珍来信并邀我赴衢，到衢后林维雁立即请我和李子珍、徐鉴泉一同到聚丰园小聚，共商以“龙邱学会”的名义，趁暑假到龙游开办“中学生假期补习学校”之事。她原是很简朴的人，现在竟身穿花旗袍、烫发，还邀我们上酒馆，而当时她在县中住的只是八平方米的粮仓，教书生涯实为艰苦。暑假，她和子珍带着一班衢师学生来龙游补习，学校办得生动活泼，给龙游输入青春的气息。人们意识到陈腐的旧世界必将崩溃，新的世纪即将到来，革命的队伍正在壮大……然而在白区地下干革命难免露出痕迹，由于反革命特务长期追踪，维雁不幸于1949年1月23日在衢江渡船上遭敌人逮捕。维雁在狱中经受各种折磨和严峻考验，始终坚贞不屈。

1949年5月6日，衢州迎来了解放。然而，衢州人民的优秀儿女江文焕、林维雁等六位共产党员，却在黎明前夕惨遭敌人活埋而壮烈牺牲！

我们每一位幸存的老同学永远怀念他们，衢州人民也永远不会忘记他们。祖国更寄希望于下一代。我们要永记屈辱苦难的昨天，珍惜幸福美好的今天，以豪迈的胸怀去开创光辉灿烂的明天。

（原载《衢州日报》1991年5月16日）

种子、火把、喇叭

——献给衢一中校友林维雁烈士

傅春龄

你是一颗红色的种子，在这古老的土地上深深埋下。
为了迎接长夜后的黎明，你倔强地破土萌芽。

你不是一株粉红的花朵，而是一支冲锋的喇叭。
你不是一丛嫩绿的灌木，而是一炬通红的火把。

你照亮着人们“梦游新中国”，呼唤着人们向往“灯塔”。
你孤胆深入虎穴，敢在敌人的心脏中拼杀。

为了保护战友免受伤害，你宁肯自己忍受百般拷打。
为了捍卫信念，你面对酷刑毫无惧怕。

国际的悲歌，在铁窗内迸发。
烈士的鲜血，在没有墓地的刑场上飞洒。

你无愧三衢英雄儿女，你的功勋不能抹煞。
你的生命虽然短暂，却辉煌无比，洁白无瑕。

勇敢的战友啊！安息吧！

昨日一颗颗红色的种子，今天已化作朵朵红霞。

2002 年 6 月作

（作者为维雁高中校友）

曹园战友衢州行

孟庆远　葛嫱月

我们“曹园战友衢州行”代表一行共十八人，从北京、上海、杭州、广州、山西、安徽等地而来，于 2001 年 9 月 20 日抵达衢州。代表团成员都是白发苍苍的老人，最年长者八十四岁，最年轻者也有七十三岁，平均年龄七十五岁以上。我们走出车站，踏上衢州大地，个个神态凝重，面现戚容，回想往事，有的人眼中还饱含热泪。衢州是我们亲密战友林维雁烈士的家乡，林维雁在衢州的哺育下成长，又在这里为新中国诞生而血洒黎明。目睹今日衢州一片和平繁荣的景象，我们心潮澎湃，思绪万千。五十四年前，在曹园集中营，我们和林维雁烈士一起和敌人斗争的情景，一幕幕涌上心头。

1947 年 5 月为配合人民解放战争，当时的“国统区”上海，学生运动蓬勃开展，成为推翻国民政府统治的“第二条战线”。国民政府上海当局为镇压学生运动，以“共党嫌疑分子”的罪名，逮捕了学生运动骨干五十七人，集中关押在曹园集中营，对我们进行讲课谈话、明察暗访、分化瓦解等，企图通过这些手段动摇我们的斗志，从中发现中共地下党和地下党组织的线索。于是敌我之间展开了一场“感化”和“反感化”的斗争。在这场特殊形式的尖锐复杂的斗争中，林维雁同志表现出色，是对敌斗争中最活跃、最机智、最勇敢的战士。被捕同学中有中共地下党员十九人，但地下党并没有在曹园建立党支部。林维雁同志当时虽然还没有入党，却自觉地以党员标准要求自己。她穿梭于男女宿舍之中，脸上挂着坦然自信的微笑，眼中闪着机智坚毅的目光，在同学中联络，交换意见，协同狱中党员和非党积极分子，对敌人开展了各种形式的“反感化”斗争。有一次国民政府淞沪警备司司令宣铁吾给我们讲课时，他恶狠狠地说：“你们都是共产党，老子要一个个把你们拉出去枪毙！”面对他的恐吓，林维雁同志从容而略带蔑视地回答：“宣司令，你说我们都是共产党，就应该把证据拿出来，如果拿不出证据，那就证明我们不是共产党，你就该立即释放我们！”一席话说得宣铁吾哑口无言。

由于在我们身上找不到任何证据，在人民解放战争的顺利发展和广大上海人民的有力营救下，国民政府的阴谋彻底失败，我们五十七人先后获得了无条件释放。从此，我们和林维雁同志天各一方，但想不到的是曹园一别，竟成永诀！

新中国成立后很久，我们才得知林维雁同志已经英勇牺牲，我们惊呆了。从此，当年那个瘦瘦小小、戴着近视眼镜、穿着一条素花布裙、在看守的监视下团结同学的形象，时常涌现在我们眼前，一直活在我们心中。我多么盼望有朝一日能踏上生养哺育林维雁烈士的那一方热土，凭吊林维雁烈士！现在在衢州市党史研究室的具体组织下，我们这批白发苍苍的老人，终于实现了心愿。

29 日上午我们去烈士陵园凭吊林维雁烈士。天下着蒙蒙细雨，把烈士陵园洗得更加青翠洁净。烈士纪念碑前安放着林维雁烈士的遗像，她微笑着，目光亲切，好像对我们说："同学们！你们好，阔别五十四年终于见到你们了。"我们再也无法压抑情感，眼中的热泪夺眶而出。我们献上代表全体同学一片心意的花篮。全国政协委员郑晶莹代表大家致辞，她是当年暨大的地下党员，在学校和曹园一直关心和帮助林维雁同志成长，当她说到"维雁，你的曹园战友，今天来看你了"时，声泪齐下。衢州尼山小学的五十名少先队员也参加了这次凭吊活动，还为我们系上红领巾，他们有着红扑扑的小脸和天真明亮的眼睛。当年曹园另一个地下党员葛嫱月热情拥抱了为她系红领巾的少先队员，并对她说："林维雁当年牺牲是为了你们，我们终生奋斗也是为了你们。今后你们在前面奋斗，我们在后面支持你们。"那个少先队员激动得泣不成声，表达了他们这一代青少年对革命先烈的崇敬之情。我们也有理由相信，他们必将继承先烈的遗愿，努力把中国建设得更加美好。

忆林维雁烈士

毛以成

我认识林维雁是在1948年10月初，当时我是衢州师范学校的一个学生，目睹黑暗统治，对社会产生不满。“教育救国的理想已成为泡影，毕业就是失业”的现实，威胁着每个师范生。国家的前途和毕业后的出路成了我日夜焦虑的问题。当时衢州城一片阴云，汤恩伯坐镇衢州，东西南北四门岗哨林立，大街小巷特务密布，宪兵警察一队接一队的岗哨，难民成堆，乞丐满街，物价飞涨，从四乡抓来的壮丁，一批批押上火车，街上经常有人饿死。我曾根据街上看到的悲惨景象，刻了《路有冻死骨》和《希望》等揭露黑暗现实的木刻。就是由于这两张木刻，我结识了在第五剧队工作的李绍华，他成了我思想开始觉悟的第一个启蒙人。不久他要我立即赶去上海，原来上海地下党组织要送一批青年学生去大别山区，我也被列入被送的名单里。后来因解放战争的形势发生变化，上级取消了上大别山的原定计划，我不能走，也不能再留在上海，但上海暨大地下党负责人劝我返回衢州师范学校，等待时机。我自己也不明白什么原因，在开学后不久，林维雁通过许希凤来找我，后来经她介绍，我参加了中国共产党，使我走上地下斗争的道路。我曾在《大明报》上主编过《草原》副刊，揭露国民政府的腐败黑暗，以诗歌与木刻为主要形式团结进步青年。当出到第九期时，《草原》引起相关部门的注意，企图将我抓捕。林维雁得知这个情况，就在深夜把我叫去，要我立即停办《草原》。她十分果断地告诫我："你的行动已引起敌人的注意，不能再在第一线干了。《草原》停刊后，你的工作我会另外布置给你的。"当时，看她那焦急的眼神，我只有默默地点头。

有一天她要我到她的住处去。她的寝室在县立中学校园内一个偏僻的角落，不易引人注意，后门有一条小路，直通城墙边的菜园地。这里已成了当时衢州地下党的指挥中心。她直接联系的党员，都是通过这一条小道来到她的住处的。当时已是深夜，她还在伏案工作，见到我就说："现在有一个任务交给你，这工作既艰巨，又危险。"边说边从抽屉里拿出一包东西，接着又说："你到金华去一趟，到英士大学找一个叫卓青的人，就说你是毛梅派来的，毛梅是我的化名，把这包文件当面交给他。"这是我入党后第一次接受组织交给我的光荣任务，我万分高兴地回答："我能把文件送到卓青手中。"她又说："这包东西不能落到敌人手中，如路上遇到敌人盘查，你要设法保住文件，又要注意自己的安全，千万小心。"又说："宪兵特务虽然凶狠，但对我们这些敢于把头拾在手上走路的人来说，没有什么可怕的。"我看她那昂扬的姿态，心底不由产生这样的一个念头：她确实是个有骨气的女性，一个值得我学习的人。在说完要注意的问题后，她又从口袋里摸出一张崭新的二十五元的金圆券，轻轻地说：

"这点钱，你带在路上用吧！"钱对我这个穷学生来说，确实是需要的，何况又要出远门，但这是她仅有的工资收入呀！经过一番思想斗争，我把钱和文件都收下。我连夜到了火车站，偷偷搭上一辆货车。我在金华英士大学带回了卓青给衢州地下党组织的闽浙赣边区（省）党委关于建立游击武装的指示，又在第二天深夜偷偷搭上货车安全回到衢州。第三天，我到了林维雁的住处，把卓青的信与没有动用过的二十五元金圆券还给了她，信她看得很仔细，对于金圆券，她问："怎么又还回来？"我如实地说："来回我没买车票，这钱于我再没有用了。"她看我态度诚恳，也就把钱收下了。后来，我还得知她为了筹建电台，曾把自己的金戒指也奉献出来，她是因公而忘私的。

在国民党反动统治的白色恐怖下开展地下斗争，为了避免敌人注意而带来不必要的损失，斗争往往都是在极秘密的情况下进行的。一次地下党员许希凤负责刻印的《目前形势和我们的任务》的原抄本不慎丢失了，我们党小组全体出动寻找。这种出动是单线联系，因没有找回文献，许希凤十分紧张。我又找林维雁谈了这件事，她说："我们做事不应马虎，也不能因为慌张而给敌人留下痕迹。"我看她没有责备许希凤的意思，便把她的话转告给了许希凤，我们俩都懂得了，地下工作处处都要谨慎小心。

1949年1月中旬，学校开始放寒假，我按地下党的工作指示，在事先约定的时间和地点来到林维雁的住处。她还在伏案工作，见我来了，便笑容满面地站起来说："我已等你多时了，想布置你在寒假期间做一些工作，总的是想筹建一支游击武装。"我说："我的家在江山农村，离我家两里多路，有一个乡公所有枪二三十支，是否应设法把这些枪支缴来去武装游击队？"她对我这几句话很赞赏地说："本来想留你在城里，直接同我一起干些工作，但为了迅速筹集枪支，你回去设法摸清情况，提出夺枪支的意见。我们地下党斗争的形式要变，要变敌人的枪支为我们的枪支。"又说："江山也有我们的同志，你到江山后我还要给你介绍个人。"说到这里，她沉默了好一会儿，又说："寒假时间很短，寒假中途你就来衢州一趟，把你进行的工作情况，直接同我谈一次。"

我回到江山农村，正值我弟弟毛晓雨从上饶师范放学回家，他说皖浙赣有一支游击武装已攻打到玉山县樟村地方，这支游击武装沿途攻打乡公所，专抓作恶多端的伪乡保长，被群众称为方志敏的红军。于是我和弟弟商量后，联络了地方上的一个青年，组成三人行动小组，又由我弟弟出面，以便积极准备在条件允许下攻打乡公所，我立即在过年前赶回衢州城，向林维雁汇报这个计划。不料衢州师范党小组告诉了我林维雁于两天前被逮捕的消息，我愤恨国民党特务破坏了我们的组织，致使我失去了林维雁的领导。她一生追求进步，渴望光明，视死如归，敢在国民政府的心脏地区点燃革命烈火，敢洒热血，呼唤黎明，是我尊敬的地下党领导。林维雁英勇不屈的革命形象永远留在我心中。

后 记

林维雁烈士是浙江衢州地区的六位革命烈士之一。从中共十一届三中全会开始，衢州地区市、县级党委和党史办公室多次出版六烈士的传记，烈士的生前学友和战友们也发表了许多篇怀念文章，这些作品感情真挚，内容丰富，教育意义深远，曾在衢州广为流传。2002 年上海教育出版社又出版了一本纪念“五二〇”运动的作品《红浪：五二〇运动在上海》，其中记述了较多有关林维雁烈士参加“五二〇”运动的情况，引起了我的关注。我感到自己责无旁贷，有必要再补写一份书稿，后来又出于种种原因未能继续写作下去。直到中共十八大召开，举国上下都在宣传“中国梦”，党中央又明确提出实现中华民族的伟大复兴就是中华民族近代以来最伟大的梦想。面对上述情况，我想到了维雁心中的“梦”。在她面对敌人的酷刑时，还对敌人怒吼喊出“我盼望有一个人人都能安居乐业的新中国”，因她曾在学校的讲台上给学生出作文题“梦游新中国”。林维雁的“中国梦”使我记忆犹新，又再次激励了我，使我鼓起勇气完成了本书的写作任务。但限于自己的写作水平，本书只能作为一种素材提供给广大读者，更期盼广大专业作家针对实现“中国梦”这一题材，写出更多更好的作品，以鼓励全国人民尤其是青少年，为实现本民族的伟大梦想而奋勇前进！

此外需要说明一点，本书并非仅仅讲述维雁的个人故事，而是用大量篇幅介绍了一代青年知识分子的整体力量和形象。他们在中国共产党的领导下，在“五二〇”运动的前沿，在“第二条战线”发挥了出色的积极的作用。林维雁本人也在“五二〇”运动中受到了深刻的教育，因而下定决心不怕牺牲去追求一个“中国梦”。

本书收集了一些革命歌曲，也是维雁最爱唱的。这些歌曲也反映了那个时代青年们的信念，这类歌曲鼓舞着他们去战斗，但在歌曲量上又实在太少，因而更显出它们的珍贵，应当作为一种文献而传承下去。

本书也叙述了樟潭镇的百年沧桑和人民遭受日本侵华战争的种种苦难。我们不能忘记那些过去的苦难和伤痛，要更努力地去创造一个美好的前景。在此祝福故乡的人民建设出一个美丽富饶的乐园！正像维雁曾写过的一首小诗所赞美的那样：富强康乐的伊甸园，像五月的石榴，像十月的橘林。

这就是维雁心中所珍藏的“中国梦”的蓝图。

建设一个具有中国特色的社会主义国家，一个人人都能安居乐业的新中国，这是一个红色而美丽的梦想。梦想就是希望，只要大家一起努力，希望就一定能够实现。

林维凤

2015 年 1 月

参考文献

1．张晓辉主编：《百年暨南史》（1906—2006），广州：暨南大学出版社 2006 年版。

2．邹有民主编：《红浪：五二〇运动在上海》，上海：上海教育出版社 2002 年版。

3．郑晶莹编：《心向祖国的脚印》，内部出版，1999 年。